내가 아이를 힘들게 하는 것은 아닐까

내가 이 아이를 힘들게 하는 것은 아닐까

초판 1쇄 인쇄 2021년 8월 11일
초판 1쇄 발행 2021년 8월 18일

지은이 조우관

발행인 장상진
발행처 경향미디어
등록번호 제313-2002-477호
등록일자 2002년 1월 31일

주소 서울시 영등포구 양평동 2가 37-1번지 동아프라임밸리 507-508호
전화 1644-5613 | **팩스** 02) 304-5613

ⓒ조우관

ISBN 978-89-6518-335-8 03370

내가 아이를
힘들게
하는 것은
아닐까

감정적으로
독립된 아이로
키우는 법

조우관 지음

경향미디어

나 때문에 아이가 잘못되면 어쩌지?

좋은 대학에 다니고 누가 봐도 대단한 스펙을 가진 청년이 엄마만 보면 화를 내고 엄마 때문에 자신의 인생이 엉망이라고 울부짖었다. 아무리 쏟아 내고 쏟아 내도 풀리지 않는지 엄마와 마주치기만 하면 엄마한테 소리를 질러댔다. 한 유학생은 방학이 되어 한국에 들어올 때면 엄마를 향해 있는 욕, 없는 욕을 다 퍼부었다. 동네 사람들 다 들으라고 낼 수 있는 가장 큰 목소리로 욕을 했다. 웬 배은망덕하고도 못 배워 먹은 아이들인가 싶을 것이다.

이들은 지금 아프다. 너무 아픈 자기를 어찌할 수 없어, 혼자서는 도저히 그 아픈 걸 해결할 수 없어 온몸으로 아픔을 증명하는 중이다. 겉으로는 멀쩡하다 못해 친구들로부터, 주변 사람들로부터 부러움을 받고 있는 아이들이 자신이 쓰고 있는 왕관이 자기의 것이 아니라고, 원래 써야 할, 내 것이었던 왕관을 돌려 달라면서⋯. 아직 인생을 제대로 살아 보지 않은 아이들이 마치 인생이 끝난 것처럼 굴면서⋯.

어떤 부모도 자기 아이가 잘못될 것을 알면서 혹은 잘못될 것을 감수하고서라도 자기 식대로 양육하지는 않는다. 두 청년의 부모들도 아이들이 지금의 모습이 될 거라는 생각은 꿈에서조차 하지 않았을 것이다. 다시 과거로 돌아간다면 절대 그렇게 키우지 않겠다고 다짐도 할 것이다.

지금 와서 생각해 보면 우리의 대학 전공도 자신이 원하던 것이었나, 부모님이 원하던 것이었나, 그도 아니면 담임선생님이 원하던 것이었나 가물가물하다. 자기에게 주어진 삶이 자신이 진정 원하던 것이었는지, 지금의 자기 모습이 진짜 자기인 것은 맞는지 의문이 든다. 그 꿈은 언제부터 생겨난 것인지 기억도 나지 않는다. 그러면서 자기 아이만큼은 자기와 다르게 살게 하리라 다짐한다. 그러고는 자기가 쓰지 못했던 왕관을 아이에게 씌우기 위해 애쓴다. 자신의 부모가, 그 부모의 부모가 그랬던 것처럼⋯.

가려고 했으나 가 보지 못했던 길을 아이가 가 주었으면 하는 마음, 내가 갔는데 실패했던 길을 아이만큼은 절대 가지 않게 하려는 마음은 부모의 상처를 아이의 무의식에 남기는 일이다. 나도 모르게 과거의 나와 현재의 아이를 끊임없이 비교하기 때문이다. 아이가 '진짜 나'

로 살아가게 하는 것이 아니라 부모가 바라는 '나여야 하는 나'로 살아가게 하는 일이기 때문이다.

아이가 태어나 자라는 동안 우리는 아이가 잘 자라 주기를 노심초사하며 기원한다. 그러다가 조금이라도 아이에게 문제가 생기면 모든 게 나 때문인 것 같은 죄책감에 휩싸이기도 한다. 아이가 잘못된 행동을 하면 다 나를 탓할 것 같고, 실제로 그런 식으로 타인을 비난하기도 했을 것이다.

한 엄마가 경력 단절의 시간을 끝내고 다시 일을 하려고 마음먹었다. 그런데 공교롭게도 아이가 갑자기 아프기 시작했다. 엄마는 '내가 다시 일을 하려는 마음을 먹어서 아이가 아픈 것은 아닐까?' 하는 죄책감에 사로잡혀 결국 재취업을 포기했다.

재취업에 대한 용기 없음을 아이를 위한다는 명목으로 덮은 것이었는지, 모든 것이 내 탓인 것 같은 죄책감을 느껴서였는지, 이러나저러나 남들이 봤을 때는 대단히 비합리적인 사고로 인해 결론을 내린 것밖에는 되지 않는다. 하지만 막상 내가 당사자가 되면 같은 생각을 하게 될 수도 있다. 부모라는 자리는 쉽게 그렇게 되는 자리가 아니던가.

부모의 죄책감은 오히려 아이를 망치기도, 부모인 나를 망치기도 한다. 죄책감에서 벗어나기 위해서는 아이를 잡든, 나 자신을 비난하든 할 수밖에 없으므로…. 대체로는 나를 변화시키기보다 상대방을 변화시키고자 하는 욕구가 자식에게도 이어져 자식을 바꾸려고 노력한다.

한 살이라도 어리면 바꾸기 더 쉬울 것 같으니까….

물론 아이들은 가소성이 있는 존재들이므로 어른인 부모보다 훨씬 더 변화의 가능성이 높다. 그런데 이러한 가소성은 부모에게 사랑받기 위한 생존의 기제로 발현되는 것이 아니라 아이가 긍정적으로 성장하고자 하는 동기부여에서 비롯해야 하지 않을까?

가끔 부모들은 이상화된 아이를 그려 놓고서 프랑스식 육아가 좋다고 하면 그쪽으로 쏠리고, 덴마크식 육아가 좋다가 하면 또 그쪽으로 쏠린다. 문화와 생활양식이 엄연히 다른데, 모든 여건은 그대로 둔 채 방법만 차용하는 것이 어떤 소용이 있을까? 프랑스 육아에서는 분명 이렇게 하면 된다고 했는데, 내 아이가 이상한 건지 전혀 변하지 않는다. 결국 아이가 문제이거나 부모인 내가 문제일 수밖에 없는 사고의 모순에 빠질 수밖에 없다. 이러한 모순 속에서 울부짖는 명문대생 청년과 욕하는 유학생이 나온 것이 아니겠는가.

우리는 사회가 던지는 다양한 그릇된 메시지로부터 아이를 보호하여야 한다. 사회적 병폐와 한 패거리가 되어서는 안 된다. 아이가 단순히 몸만 큰 어른이 되는 것이 중요한 것이 아니라 마음이 건강한 어른이 되는 것이 중요하다.

아이에게 "너는 항상 그렇게 소심하게 구는구나!"라고 말하면 아이는 이를 바꾸어야 한다고 생각하지 않고 '내가 소심하게 굴어야 하는구나.'로 생각한다. 어떻게 그렇게 생각할까 싶겠지만, 아이들은 부모의 말에 자신을 맞추는 경향성이 있다. 부모의 나쁜 말도 옳다고 생각하며 부모의 기대에 부응하려고 노력한다. 부모의 힘은 그렇게도 강력하다. 그 강력한 힘으로 인해 자신을 찾아가는 아이도 있지만 나를 잃어 가는 아이도 있다.

이 책은 당신으로 인해 아이가 잘못되어 가고 있다는 것을 폭로하기 위해서가 아니라 죄책감에서 그만 벗어나 아이의 진정한 안전지대가 되어 줄 것을 부탁하기 위해 쓰였다. 아이들이 자신의 마음을 잘 따라가는, 주입된 내가 아닌 진짜 나로 살기를 바란다. 그 뒤에는 든든한 당신이 버티고 있을 테니…. 이로써 부모라는 존재는 충분하지 않은가.

조우관

차례

2장 내 아이의 정서 경고등 알아차리기

3장 엄마도 아이도 정서적으로 성장하는 시간

4장 마음이 건강한 아이로 키우는 일상의 기술

1장
심리적 자원이 부족한
요즘 아이들

아이의 돌발 행동은
문제가 아니라 단서다

최근 명문으로 유서가 깊은 어느 중학교 교실에서 남학생 한 명이 버젓이 담배를 피우는 사건이 일어났다. 모두가 보라고 한 행동이었으므로 당연히 교사들도 그 모습을 볼 수밖에 없었다. 이후 학생은 교무실로 불려 갔고, 부모님에게도 이러한 사실이 알려졌다. 여기까지의 이야기만으로 학생의 이력을 대충 상상해 보라고 하면, 당연히 공부를 못할 것이고, 집안 형편도 좋지 않을 것이며, 노는 데 출중하고도 탁월한 재능을 지닌 친구들과 어울려 다니며 침 좀 뱉고, 소위 말하는 삥을 뜯는 모습을 그릴 것이다.

하지만 그 학생은 놀랍게도 늘 전교 1등을 하는 수재였다. 가난해서 인생을 놓았을 거라는 예상과 달리 집안도 남부럽지 않을 정도로 부유하고, 부모님도 사회적으로 성공한 사람의 범주 안에 들 법한 직업을 가졌다. 인간에게는 자유와 일탈에 대한 본능적인 경계 관념이 있으므로 그 학생이 특별히 자유를 사랑하여 그와 같은 행동을 한 것이라 안위할 수도 있겠지만, 한 번의 일탈이라 말하기에는 다소 민망한 모습이다.

옛날에는 공부 잘하는 학생은 모범생의 범주에 들어갔다. 모범생이란 공부를 잘한다는 것이고 이는 곧 착실함, 예절바름과 거의 동의어로 사용되곤 했다. 하지만 더 이상 '공부를 잘하는'과 '모범'이 같은 카테고리에 들어가지 않는다. 물론 어느 누군가에게는 공부만 잘하면 모범생이라는 사고가 고착되어 있을 수도 있다. 그것은 비윤리적 엘리트 집단의 공고화에 기여해 온 결과이기도 하다.

한 학생의 일화를 과잉 일반화하여 공부 잘하는 학생들을 매도하고자 하는 것은 아니다. 모든 것을 갖춘 것 같은 아이들의 일탈과, 일탈의 습관화·일상화가 무엇 때문인지 알아보자는 것이다. 보이는 모든 조건이 완벽하기만 한 사람이 이해되지 않거나 이상한 행동을 할 때는 보이지 않는 것으로부터 단서를 찾을 수밖에 없으므로….

20세기에 어린 시절을 지나온 대부분의 사람은 극복해야 할 과제가 가난인 경우가 많았다. 가난을 벗어나는 것이 상처로부터 벗어나는 유일한 해방구인 사람들도 있었다. 그래서 그들에게는 좋은 대학에 가고, 사회적 위치를 높이고 명성을 쌓는 일이 결핍을 메우는 행위였다. 그러나 요즘 아이들의 결핍은 보이지 않는 곳에 깊게 숨겨져 있으며 쉽게 해답을 찾을 수 없는 것들로 다양화되고 세분화되었다. 사회적 성공과 부와 명예가 더 이상 동기부여로서 작동하고 있지 못하다.

그런데 가난을 벗어나기 위해 온 국민이 힘썼던 시대의 교육 방식과 지금의 교육 방식은 그대로다. 시대와 사고방식, 생활 패턴 등 많은 부분이 달라졌는데도 불구하고 공부 환경은 달라지기는커녕 더 치열해지고 남루해졌다. 그러면서도 친구 간의 우정, 이웃 간의 정 등 인간 대 인간이 나눌 수 있는 정서적 교감과 스트레스를 이겨 낼 수 있게 해 주는 심리적 자원은 고갈된 채 방치되었다. 이러한 환경에서는 공부를 잘하는 아이도, 못하는 아이도 누구나 결핍의 희생자가 될 수 있다. 공부를 잘하건, 못하건 너도나도 문제아가 될 가능성을 지니고 있는 것이다.

인간이 스트레스 상황에 빠지면 뇌의 자율신경계는 도망칠지, 투쟁할지, 억제할지를 결정한다. 즉 뇌가 우리의 각성도를 조절하는 것이다. 당연히 심리적 자원과 에너지의 저장 여부에 따라 조절력은 달라진다. 그런데 아이가 스트레스를 많이 받으면 받을수록, 만성적인 스트레스에 시달리면 시달릴수록 뇌의 각성 조절 기능은 떨어진다.

만성적인 저각성 혹은 과각성 상태에 빠지면 인간의 뇌는 배움의 뇌에서 생존의 뇌로 전환이 일어나게 되고, 이러한 상태에 빠진 아이는 당연히 자신에게 주어진 과업을 제대로 처리하지 못하는 것은 물론 상황판단능력도 떨어지게 된다. 특히 사회적 교감이나 지원이 불충분할 때에는 과각성이 되면서 뇌가 투쟁-도피 상태로 전환된다. 그렇게 되면 아이는 부모의 도움이 필요한데도 부모로부터 도망가거나 사회적 상호 작용을 거부하거나 회피한다. 아이가 분명 어떠한 문제를 겪고 있는데도 아무 말도 하지 않고 문을 걸어 잠그는 이유이다.

요즘의 아이들은 어린 시절부터 과중한 과업에 대한 스트레스, 경쟁에 대한 스트레스에 노출되면서도 이를 회복해 줄 심리적 자원과 에너지는 부족해 결국 자기조절력이 떨어지는 사이클에 쉽게 노출된다. 앞서 말한 전교 1등 학생도 전교 1등을 유지하려다 보니 만성적 스트레스로 인해 자기조절력 저하의 문제를 겪는 것일 수도 있다.

그러므로 부모는 아이의 돌발 혹은 도발 행동을 문제로 여기는 것이 아니라 단서로 보아야 한다. 아이는 자기도 모르게 자신의 문제에 대한 단서를 흘리고 있다. 자신의 감정을 표현할 줄 모르거나 표현할 수 있는 환경이 아닌 경우 아이들은 자신의 감정을 신체화 내지는 행동화한다. 그러므로 아이의 문제 행동을 단순히 사춘기이기 때문에, 나쁜 친구를 사귀었기 때문에, 어쩌다 보면 누구나 실수를 하기 때문에, 나도 옛날에는 문을 걸어 잠그고 지냈고 지금도 할 수만 있다면 걸어 잠그고 싶기 때문에로 그냥 넘겨서는 안 된다.

아이가 의식적으로 혹은 무의식중에 보내는 단서를 놓치거나 무시한다면 아이의 진짜 문제는 미제로 남게 되고, 이는 어른이 되어서도 풀리지 않는 상처로 남아 아이를 해치는 지경에 이를 수도 있다. 문제를 촘촘하게 파고드는 것은 피곤하고 부담스러운 일이지만, 문제를 모르는 척하고 회피하는 것은 문제에 아이 혼자 덩그러니 남겨두는 일이다.

지금의 부모가 어린 시절에 겪어 왔던 문제와 지금 아이들이 겪는 문제는 질적으로나 양적으로 차원이 다르다. 우리는 정이 살아 있는 시절에 어린 시절을 보내서 그나마 정서적으로 위안을 받을 수 있는 채널이 많았다. 부모에게 받을 수 없으면 친척들에게, 그것도 안 되면 형제자매들에게, 그것조차도 안 되면 친구들에게 받아 왔다.

그런데 우리 아이들에게는 그러한 채널이 충분치 않다. 거의 없다고해도 과언이 아니다. 스트레스 받을 일만 많고, 그것을 나누고 풀 수 있는 대상과 자원은 빈약한 것이다. 우리가 어릴 적에 충분히 극복하고이겨 냈던 문제를 지금의 아이들은 쉽게 하지 못하는 이유이다. 전교1등인 것만으로는 위로가 되지 않는 것이다.

마음은 몸으로 표현해야
실체가 분명해진다

부모 없이 태어난 아이는 단 한 명도 없지만 모든 아이가 부모와 함께 살아가는 것은 아니다. 이는 육체적이고 물리적인 동거 여부만이 아니라 정서적 연결 여부를 동시에 포함한다. 따라서 몸은 함께 있지만 정서는 함께 하고 있지 못하다면 부모와 아이가 같이 살아가고 있다고 감히 말할 수 없다. 불행하게도 가정이 해체되거나, 부모가 바쁘거나, 부모가 자신의 문제에 빠져 있는 등 여러 문제로 적절한 때에 정서적 돌봄을 받지 못하는 아이가 꽤 많다.

사랑과 관심이 거두어진 관계는 아이의 불안을 증폭시키고, 이러한 관계 자체가 자기 자신이 잘못해서, 혹은 착하지 않아서 등등 자기 자신에게로 문제를 가져가 죄책감을 낳는다. 즉 가장 세심하게 다루어야 할 불안과 죄책감 2가지 감정이 모두 위중해지는 것이다.

옛날에는 이러한 아이들의 심리를 교묘하게 이용하는 부모들도 있었다. 아이가 말을 듣지 않으면 아이에게 "다리 밑에서 주워 왔다.", "말을 듣지 않으면 아이를 다시 친엄마에게 보내겠다."는 등의 말을 아무렇지도 않게 농담조로 하곤 했다. "말을 듣지 않으면 너를 버리겠다."는 말을 들은 아이에게는 더 이상 정서적 탈출구가 없다. 평소에 부모가 아주 좋은 부모가 아니라면 말이다.

부모의 정서적 부재를 경험하는 아이들은 기본적으로 자신의 감정을 억압하는 것부터 배운다. 이는 일종의 방어기제로서 버림받는 것에 대한 두려움, 불안 등 자기 마음속 가장 깊은 곳에 숨어 있는 감정을 보호하기 위해서이다. 해소되지도 못한 데다가 해소될 기회마저 잃은 채 숨겨진 감정으로 인해서 아이들의 감정은 더 거칠어진다. 타인뿐 아니라 자기 자신에 대한 신뢰를 잃게 되고, 새로운 관계에 불안해하고, 인정받지 못할 것에 대한 두려움을 느낀다. 그런 다음에 겉으로는 순종적이고 명랑한 가면을 쓰기도 한다. 혼자 있는 것 같은 느낌은 아이들을 가장 위협하는 상황이므로 아이들은 어떻게 해서든지 살아남기 위해 애쓰는 것이다. 급기야 또래의 괴롭힘에 무감해지는 지경에까지 이르기도 한다. 이것은 바로 '생존적 성격'의 전형이다.

생존적 성격을 가진 아이들은 친밀감에 대해 과도하게 집착하게 된다. 가짜 친밀감이라고 해도, 심지어 그것이 자신에게 해로울지라도 친밀감을 원하게 된다. 누군가에게 매달리면서 집착하고, 유독한 관계를 끊어 내지 못할 뿐만 아니라 유독한 환경에서 어떻게 탈출하는지조차도 모르는 의존적인 성인이 될 수도 있다.

부모의 부재를 대신할 상대를 끈질기게 찾아다닌 아이들일수록 착한 아이로서의 의무감과 오직 상대에게 맞춰 주는 관계에 빠지며 밀접한 관계나 연애 관계에서도 자신감을 갖지 못한다. 나아가 혼자 있는 것에 대해 극도의 공포까지도 느낀다. 연애중독자들이 이러한 경우라 할 수 있다.

어린 시절에는 친밀한 관계를 통해서 안전감을 느끼게 되고, 이때 형성된 유대감의 질에 따라 자신만의 정서적 능력과 자아력을 키워 가게 된다. 신뢰를 바탕으로 정서적 힘이 길러진 아이는 불안한 상황을 견딜 능력을 갖게 되고, 차분한 감정을 느끼는 법을 배운다. 이것은 곧 관계를 맺고, 공부를 하고, 사회생활을 할 때 균형과 조율로 이어진다.

그러나 정서적으로 가난한 사람은 자존감이 낮고, 정서조절력이 떨어지며, 견고한 인간관계를 맺을 수 없다. 보살핌이 부재하면 뇌에서 아드레날린이 많이 생성되어 폭력적이고 충동적으로 행동하게 된다. 뿐만 아니라 섭식 장애와 수면 장애를 비롯한 여러 정신 장애에 노출될 위험이 커진다. 나쁜 경험 이후의 감정과 정서를 어떻게 되찾을 수 있을지 배우지 못했기에 다시 평온함을 찾을 수도 없고, 평온함을 찾을 수 있다는 것에 대한 믿음도 없기 때문이다. 모든 사람의 문제는 결핍에서부터 비롯한다. 결핍되지 않은 사람이 문제를 일으키거나 마음의 병을 앓는 경우는 거의 없지만, 결핍된 자아가 일으키는 문제는 무궁무진하다.

정서적 결핍은 3대에 거쳐 대물림된다는 말이 있다. 아마도 그보다 더 오랜 세대에 걸쳐 대물림될지도 모른다. 사회적으로 성공하면 그런 것쯤이야 나중에 다 해결될 것처럼 우리를 대했던 부모의 모습을 내가 그대로 아이에게 재현하고 있는 것은 아닌지 한 번쯤 고민하고 생각해 보아야 한다. 만약 우리가 보고 배운 대로 정서적 결핍을 대물림하고 있다면 결핍이 결핍을 끊임없이 재생산하는 구조적 모순을 내 선에서 끊어 내야 하지 않을까?

그렇다면 정서적으로 연결되어 있다는 것은 어떤 것일까? 우선, 부모는 아이가 어떠한 감정을 느낄 때 그 감정 곁에 머물러 주어야 한다. 간혹 아이가 화나 슬픔 등 부모가 보기에 부정적이라 생각되는 감정을 느낄 때, 그것에서 얼른 빠져나오게 하기 위해 다른 것으로 화제를 전환해 버리는 부모들이 있다. 이러한 태도는 처음부터 아이의 감정에 무관심한 것과 다를 바 없는 결과를 초래하기에 결코 좋은 방법이 아니다. 억압이나 회피는 아이가 자신의 감정을 마음껏 표현할 기회를 잃는 것이기 때문이다. 환기나 주의 전환은 아이가 자신의 감정을 충분히 표현한 후에 해도 늦지 않다.

불편하고 불안한 감정을 표현할 줄 알아야 그것을 처리하는 방법도 배울 수 있다. 아이가 최대한 자신의 어떤 감정도 무시되거나 비난받지 않고 표현해도 된다는 적극적 허락과 동의를 얻는 경험을 자주 해야 자신의 감정을 신뢰할 수 있고, 다시 평정심을 찾을 수 있다. 어떤 일 때문에 지금의 감정을 느끼게 되었는지, 그 감정을 어떻게 하면 해소할 수 있을지 같이 이야기해 보는 시간은 아이가 부모와 함께 하는 아주 강력한 경험 중 하나이다.

아이가 하나의 부정적 정서를 경험했다면 그것을 덮을 수 있는 긍정적 정서의 경험을 만들어 주는 것이 좋다. 긍정 정서를 연구한 바버라 프레드릭슨(Barbara Fredricson)은 부정과 긍정의 황금비율을 1:3으로 제시하며 한 번의 부정적인 기분에 휩싸일 때마다 최소 세 번의 긍정적인 경험을 해야 한다고 했다. 아이를 한 번 혼냈으면 최소 세 번은 같이 놀아 주면서 친절하게 대해 줘야 한다는 뜻이다.

우리의 뇌는 체험으로 기록되니 형편이 된다면 체험과 놀이를 많이 하고 여행을 추천한다. '함께'가 중요하지 '무엇'은 중요하지 않으므로 아이와 함께 하는 활동은 그리 거창하지 않아도 좋다. 어른들이나 거창한 일에 놀라고 환희를 느끼지 아이들의 세계는 아직까지는 소박하고 단순하다. 함께 요리하고, 게임하고, 책을 읽는 것만으로도 아이에게 충분히 긍정적 정서를 심어 줄 수 있다. 아이에게 부모와 함께 하는 사소하고도 소소한 일상보다 더 따뜻한 세상은 없다.

부모들도 그들만의 세상이 있고, 그 세상을 구축하고 이뤄 내느라 무척 바쁘다. 거기에다 돌봐야 하는 객체들이 있다는 것만으로도 버겁고, 누군가가 나를 의지하고 말똥말똥한 눈으로 나만을 바라보는 것은 더더욱 부담스럽다. 그래서 애써 피하고, 알아도 모르고 싶은 순간들도 있다.

하지만 아이에게는 누군가의 뒷모습을 하염없이 바라보는 것, 더군다나 나를 위해서 뼈 빠지게 일한다면서 정작 내가 원하는 것은 하나도 하지 않는 모순된 현실을 겪어야 한다는 것은 고통이자 상처이다. 그러므로 아무리 바쁘고 힘들어도 가위바위보 정도라도 해 주고, 자주 안아 주는 것으로나마 함께 하고 있음을 증명할 필요가 있다. 마음은 몸으로 표현해야 실체가 분명해지면서 오래 남는다.

자식은 부모의 열등감을 보상하는
대상이 아니다

그리스 신화에는 물에 비친 자신의 모습을 너무나 사랑한 나머지 결국 물속에 빠져 죽고 말았다는 나르키소스의 이야기가 나온다. 그는 매우 아름다웠기에 남자 여자 할 것 없이 모두에게서 구애를 받았다. 하지만 그는 다른 사람들의 사랑을 전부 거부했다. 구애자 중에는 아메이네우스가 있었는데 아주 끈질겼다. 그는 나르키소스의 집 문 앞에서 자살을 하며 자신의 죽음을 복수해 달라고 기도했다. 이에 아르테미스 신은 나르키소스를 이루어질 수 없는 사랑에 빠지게 만들었다. 바로 자기 자신을 사랑하게 한 것이다.

점쟁이 테이레시아스는 나르키소스가 자신을 알지 못하는 조건에서만 오래 살 수 있다고 예언한 바 있다. 나르키소스는 자신의 모습을 보지 않으면 장수할 운명이었지만 점쟁이의 예언대로 샘물 속에 비친 자신의 모습을 사랑하게 되었고, 그로 인해 수척해져 죽고 말았다.

나르키소스의 이름을 따서 나르시시스트, 나르시시즘 등의 용어가 생겨났다. 프로이트(Sigmund Freud)는 나르시시즘을 '사람에 대한 관심을 물건에 대한 관심으로 철회한 망상분열 환자'로 간주하였고, 라이히(Wilhelm Reich)는 '자존감을 조절하지 못하는 병적 형태'로 개념화했다.

나르시시스트는 자기애성 성격 장애를 가진 사람들을 일컫는 말로, 열등감이 짙어 진짜 자신의 모습을 사랑하지 못하는 사람들이다. 자기 자신을 이상화하여 이상화된 자기, 오직 타인에게 비친 자기 자신의 모습만 사랑한다. 마치 나르키소스가 물에 비친 자신을 인식했듯이, 나르시시스트에게 세상은 하나의 거대한 거울이 되는 것이다. 그리하여 그들은 끊임없이 타인에게 확인받아야 하고 인정받아야만 한다.

나르시시즘적 관계는 부모 자식 사이에도 존재한다. 가끔 어떤 부모들은 자기 자신을 위로하고 사랑하는 연장선에서 자식을 대하고 사랑한다. 열등한 자아가 거대해지면 자식조차도 자신의 열등감을 보상할 대상 혹은 자기 자신을 사랑하는 도구로 전락하곤 한다. 자기 자신처럼 살게 하려는, 혹은 자기 자신처럼 살게 하지 않으려는 욕망은 '자기'에 집중될 수밖에 없는 구조를 가진다.

이상화된 자아를 자녀에게 투사하여 자신의 부모가 자신에게 원했던 완벽하고도 완전한 버전을 자기 아이에게서 이루려고 한다. 즉 자신이 가졌던 것, 이루려 했던 것, 이루려 했으나 이루지 못했던 것, 더 이상 내게는 없는 것, 늘 부족했다고 느꼈던 특성 등을 아이에게 부여한다.

그 과정에서 부모는 아이에게 과도한 특권을 부여하고, 그들이 가진 재능과 자질을 숭배하면서 아기폐하로 만들어 놓고서는 자기가 구상한 종합계획표에 따라 아이가 따라가 주기를 원한다. 부모의 자존심, 좌절감, 열등감에 대한 책임을 아이가 짊어지게 하는 것이다. 그러다가 아이가 자신의 뜻대로 되지 않으면 부모는 자기애성 격노를 보인다. 아이에게는 절대로 미안하다고 말하지 않는다.

기본적으로 나르시시스트는 누군가를 지배하려는 욕구가 강하고, 모두가 자신에게 동의하길 원하며, 어떠한 반박도 원하지 않는다. 게다가 이들은 보통 사람들이 가진 공감능력을 가지고 있지 않기 때문에 자식과 배우자조차도 지배의 대상이 될 뿐이다. 자기가 잘못을 저질렀을 때조차 자발적으로 자신이 행동을 고쳐야 한다는 생각 자체를 하지 못한다. 자기가 사과해야 할 상황에서조차 남이 잘못했다고 생각한다. 그러므로 가족들에게 미안함을 느낄 이유가 전혀 없는 것이다.

자기애적인 양육 태도는 생에 대한 욕구와 충동을 아이에게 투영하고 아이를 부모인 자신으로 인식하면서 아이를 하나의 완전한 인격체가 아닌 부모의 부품, 부모에게 종속된 존재로 만든다. 아이는 하나의 역할을 맡아서 몰입해야 하며, 그 과정에서 공허해지고 버려졌다는 느낌에 빠지게 된다. 그리고 아이는 먼 훗날 성인이 되었을 때에야 비로소 깨닫게 된다. 스스로의 희망이나 기대감에 의해서 공부를 하고 자신의 길을 걸어 온 것이 아니라 부모의 뜻에 따라 자신의 모든 것이 결정되었음을…. 자신의 인생이지만 결코 그 인생 안에는 자신이 없음을…. 자신은 부모를 돋보이게 만들어 주는 배경밖에 되지 않았음을…. 무참한 배신감을 없앨 방법 같은 건 찾지 못한 채 부모도 자기 자신도 사랑하지 못하는 뼈아픈 현실만을 마주하고야 만다.

대한민국에서 열등감과 낮은 자존감에서 유발된 과도한 자기애적 보상 심리로 아이를 키우는 부모를 발견하는 것은 그리 어려운 일이 아니다. 무엇보다 대한민국은 거대한 나르시시스트 양성소이다. 아이들은 어린 시절부터 과도한 경쟁 사회에 놓이고, 열등한 자기를 감추기 위해 이상화된 가면을 써야 한다. 부모는 잘하는 경우에만, 잘난 경우에만 나를 사랑해 줄 것만 같다. 실제로도 조건부 사랑을 부여하는 부모가 많다. 학대와 방임, 과잉보호, 모순되면서도 불일치한 언행, 과장된 칭찬, 부모의 죄책감을 덮기 위한 선물 등 두려움과 불안의 촉발 요인이 도처에 깔려 있다. 언제든, 누구든 병적인 나르시시즘에 빠질 수 있는 환경이다.

부모 모두가 병적 나르시시즘을 가졌다면 아이에게는 영원한 구원이란 없을 테지만, 천만다행으로 한쪽만 이러한 특성을 지녔다면 가족들이 합심하여 스스로 자신의 모습을 깨달을 수 있게 도와주고, 전문가의 도움을 받을 수 있도록 설득해야 한다. 병적인 나르시시즘까지는 아니라면 자녀의 모습에서 상처받았던 자신의 모습을 발견해야만 한다. 어렸던 나, 무조건적인 사랑을 받지 못했던 그 아이를 진짜 위로하는 방법은 내 아이 안에 그 아이를 살게 하는 것이 아니라 그 아이를 멀리 떠나보내는 것이라는 걸 깨달아야 한다. 작별해야 할 대상과 작별하지 못한 채 늘 거기에 있는지 확인하는 것은 무한한 고통일 뿐이다.

모든 부모가 자기애와 공감을 한데 섞어 가면서 아이를 키운다. 부모가 아이의 모습에서 자기 자신을 발견하는 것은 어쩌면 당연한 일이다. 때로는 내 아이가 보여 주는 내 모습이 싫을 때도 있고, 좋을 때도 있다. 문제는 균형이다. 이런 일은 '어쩌다'여야지 '항상'이면 곤란하다. 투사의 방어기제를 사용하여 내 아이를 미워하는 일이 되면 더 곤란하다. 있는 그대로의 아이가 아니라 있어야 할 아이를 사랑하는 것은 더더욱 곤란하다. 부모의 목적에 도움이 되든, 되지 못하든 상관없이 아이를 사랑할 수 있는가에 대한 질문에 고개를 세차게 끄덕일 수 있어야 하는 것이다.

이 글을 읽으면서 반발심과 지적당했다는 생각에 무척이나 화가 난다면 나르시시스트 부모일 확률이 높지만, '그래, 내가 그랬었지.'라는 생각이 든다면 충분히 좋은 부모가 될 가능성과 희망이 있다. 우리는 모두 부모가 되어 가는 과정 중에 있으므로 아직까지는 확률과 희망만으로도 충분하다.

긍정적이어도
평가는 평가일 뿐이다

"자식농사를 잘 지었다."는 말이 부모에게 가장 큰 칭찬인 듯 자주 쓰이곤 한다. 그러나 칭찬은 족쇄의 또 다른 이름이기도 하다. 가족의 구성원 하나하나를 개체로서 인식하기보다 하나의 묶음으로 보는 경향이 있는 대한민국에서는 자식이 잘되어도, 잘못되어도 모두 부모를 바라본다.

미국에서는 아이가 어마어마한 범죄를 저지른 경우라도 부모가 인터뷰를 할 때 얼굴을 가리지 않는다. 대체로 자식의 잘못은 자식의 잘못으로 인식하기 때문에 부모가 비난받을 이유가 없고, 부모가 굳이 얼굴을 가려야 하는 이유도 없는 것이다. 대한민국에서는 중대한 범죄까지 가지도 않는다. 초등학교 1학년짜리가 잘못을 저질러도, 성인이 된 자녀가 잘못을 저질러도 어떤 부모가 자식을 저렇게 키웠는지부터 거론한다. 급기야 온 가족 모두가 비난의 대상이 될 지경에까지 이른다.

자식의 성공과 실패 여부는 곧 부모에 대한 평가가 되기에 부모는 은근하게 혹은 드러내 놓고 당근과 채찍을 사용한다. 이 과정에서 잘못 사용된 당근과 채찍은 아이의 자존감 발달에 해로운 영향을 미친다. 잘못된 행동을 지적하거나 건전한 성장의 방향을 제시하는 것이 아니라 모호하게 "너는 아직도 모자라다."라는 식으로 아이 본연의 성장을 주춤하게 만들기도 하고, 누군가와 끊임없이 비교하기도 한다.

사회공포증을 앓으며 캠퍼스 생활에 적응하지 못한 채 떠도는 한 대학생을 만난 적이 있다. 그는 어린 시절에 좋은 성적을 받아 기뻐서 부모에게 자신의 시험지를 가지고 갔지만 부모는 그 정도는 당연한 것이라고 말했다. 항상 언니, 오빠와 비교됐고 열등한 존재로 낙인찍혔다.

그렇게 뒷전으로 밀려난 삶에 익숙해진 그는 대학에 갔지만 대학 생활에 전혀 적응할 수 없었다. 갑자기 자기소개를 해야 하는 일이 잦아졌고, 사람들 앞에서 발표를 해야 했고, 각 과목마다 첫 시간에는 왜 이 과목을 선택했는지 말해야 했다. 모두에게 주목받는 무수한 자리가 그를 공포로 몰아넣었다. 그래서 그는 더 이상 수업에 들어갈 수 없었고, 그러다 보니 친하게 지내는 친구들도 없었다.

사실 그는 다른 또래들에 비해 아이큐가 월등히 높았다. 그런데 자신의 아이큐가 그렇게까지 높다는 사실을 알지 못했을 뿐만 아니라 아이큐 검사가 잘못되었을 거라고 검사의 신뢰도를 의심했다. 그의 부모가 칭찬받을 만한 점수의 기준을 정하지 않고 그의 노력과 결과를 기쁘게 받아 주고 격려해 주었더라면 그는 자신의 지능을 충분히 활용하며 살았을지도 모르겠다. 사회공포증으로 고통 받는 삶이 아닌 자신의 능력에 대한 믿음으로 자신감 넘치는 삶을 향유하면서 말이다.

그렇다고 해서 끊임없는 갈채와 칭찬이 더 나은 것만은 아니다. 계속해서 갈채를 보내고 칭찬하는 분위기 또한 평가에 해당하는 것이기에 아이의 현실적이고 건강한 자존감 발달에 똑같이 해롭다. 이러한 분위기 속에서 아이는 나르시시스트가 되고, 자신이 끊임없이 판단되고 평가받고 있다는 것을 은연중에 알고 있다. 부모가 보내는 감탄 속에 거짓된 속성이 있다는 것도 눈치채고 있다. 아이들은 감각이 열려 있고 예민한 존재이기에 본능적으로 이러한 분위기를 안다.

평가가 아무리 긍정적이라 할지라도 평가는 평가일 뿐이다. 과장되게 만들어진 자신의 속성과 실제 자신의 속성 사이에서 비롯한 온도 차이에서 아이는 때로는 불안감을 느끼고 꺼림칙한 걱정을 하게 된다.

심리학의 한 분야인 행동주의 심리학은 심리학이 과학이 되기 위해서는 오직 행동만을 심리학의 주제로 삼아야 한다는 생각에서 출발했다. 그래서 행동주의자들은 타인의 마음은 전혀 고려하지 않고 오직 행동에만 초점을 둔다. 그들은 상과 벌이라는 강화를 이용해 인간의 행동을 얼마든지 원하는 대로 통제 가능하다고 주장했다. 이때의 강화는 조건적이며 강화의 가장 대표적인 방법이 칭찬이다.

파블로프의 개 실험은 유명하다. 이 실험은 "개에게 먹이를 줄 때마다 종을 쳤더니 나중엔 종만 쳐도 침을 흘리더라."라는 내용이다. 행동주의자들은 이를 인간에게도 적용할 수 있다고 믿었으며, 인간은 학습에 의해 얼마든지 변화될 수 있다고 믿었다. 상과 벌이 바로 개에게 주었던 먹이에 해당한다.

"나에게 건강한 아기 12명을 주어라. 그러면 잘 만들어진 나의 특별한 세계에서 그들을 키우고 그들의 재능, 기호, 성향, 능력, 적성, 인종에 관계없이 의사, 변호사, 예술가, 상인, 대통령 혹은 거지나 도둑으로 만들어 보겠다."

행동주의 심리학을 개척한 왓슨(John B, Watson)이 한 말이다. 그는 인간의 본성과 양육 중 양육의 중요성을 강조했다. 누군가가 나의 본성은 무시한 채 나를 자신이 원하는 대로 이끄는 삶. 섬뜩하지 않은가?

"칭찬은 고래도 춤추게 한다."는 말이 있다. 춤을 추는 것은 과연 고래의 정체성일까? 고래는 누구를 위하여, 왜 춤을 춰야 하는 것일까? 그래서 고래는 행복했을까?

부모는 자녀에게 자신의 특정한 요구를 집중적으로 요구하고 그를 실현하기 위해서 상과 벌을 이용할 때가 있다. 그런데 이는 여러 심리학 실험에서 그 효과가 일시적이며 오히려 아이들의 내재적 동기를 꺾는 것으로 증명되었다.

처음에 내재적 동기를 가지고 공부를 시작하다가도 부모가 외재적 동기를 부여하려는 순간, 이것이 나의 동기였는지 부모의 동기였는지 구분이 가지 않게 되고, 결국 '내가 상을 받기 위해서 공부를 하고 있구나.' 하는 생각이 들면서 처음에 있었던 동기마저 잃게 되는 것이다. 누군가를 기쁘게 하는 것이 존재의 목적이라면 그 목적 자체가 허상이자 모래성일 수밖에 없으므로 허물어지는 것 역시 쉽고 간단하다.

칭찬의 속성은 다분히 위계적이다. 자녀가 부모에게, 학생이 선생에게, 아랫사람이 윗사람에게 할 수 있는 것이 아니라 전부 반대의 위치에 있는 사람들만의 전유물이기 때문에 그렇다. 그러므로 이제는 칭찬 대신에 격려를 통해서 아이의 건강한 자존감 형성에 책임을 지는 것이 좋겠다.

기억할 것은 아이의 미래에 대해서도 극단적 낙관주의는 금물이라는 점이다. "너는 모든 것을 다 가질 수 있다.", "너는 모든 것을 해 낼 수 있다."는 강화는 이 세상에 모든 것을 다 가질 수 있는 사람도, 모든 것을 다 해 낼 수 있는 사람도 없다는 점에서 굉장히 파괴적인 메시지이다. 희망의 메시지도 현실적이어야 아이의 좌절을 막을 수 있다.

아이의 마음속에는
우울증의 씨앗들이 있다

미국의 작가이자 가족상담사인 도로시 로 놀테(Dorothy Law Nolte)는 "우울증은 우리가 죄수이자 동시에 간수인 감옥이다."라고 말했다. 우울증으로 인해 나 자신이 가장 고통스럽지만, 고통 속에서 결코 헤어 나오지 못하게 자신을 감시하는 역할도 내가 하고 있다는 말이다. 이처럼 우울증을 완벽하게 묘사한 말도 없을 것이다.

주변에서 우울증을 겪는 사람들을 흔하게 볼 수 있고, 해마다 우울장애 환자들은 점점 더 늘어나고 있다. 안타까운 것은 어린 시절부터 이미 죄수이자 간수가 되어 평생을 감옥에 갇혀 사는 사람들이 점점 더 늘어난다는 점이다.

우울 장애를 가장 잘 설명해 주는 이론 중의 하나가 '학습된 무기력 이론'이다. 이는 셀리그만(Martin E. P. Seligman)에 의해 처음 제기되었는데, 개를 대상으로 조건 형성 실험을 하는 과정에서 우연히 알게 된 사실에서 발전한 이론이다.

이 실험의 1단계에서는 개가 도망가지 못하도록 묶어 놓은 상태에서 하루 동안 전기 충격을 주었다. 그 다음 2단계에서는 옆방으로 도망갈 수 있도록 개를 풀어놓고서 전기 충격을 가했다. 그런데 개는 도망갈 수 있는 상태였음에도 불구하고 자포자기한 듯 꼼짝하지 않고 전기 충격을 그대로 다 받았다. 더 놀라운 것은 1단계를 거친 개들은 2단계에서 옆방으로 도망쳐서 전기 충격을 피한 경험을 했는데도 다시 전기 충격이 가해지면 옆방으로 도망가지 않은 채 전기 충격을 그대로 다 받았다는 것이다. 즉 개는 전기 충격을 피할 수 없다는 무력감을 학습하게 되고 이처럼 학습된 무기력 하에서는 새로운 상황이 주어져도 무기력하게 행동했다.

이후 인간을 대상으로 한 실험에서도 비슷한 결과들이 나타났다. 자신의 힘으로 해결할 수 없는 소음을 계속해서 들려주거나 풀지 못하는 문제를 반복적으로 주었을 때 피험자들은 새로운 상황에서도 무기력한 반응을 보였다. 좌절이 좌절을 낳은 것이다. 좌절되거나 실망스러운 경험을 많이 한 사람들은 어떠한 상황에서든 좌절을 겪을 거라는 무기력을 학습하고, 이렇게 무기력을 학습하게 되면 좌절을 이겨 내기 위한 노력을 할 수 없게 된다. 원하던 결과를 얻었더라도 어쩌다 얻어 걸린 한순간의 사건으로 해석할 뿐이다.

이를 아이의 양육 과정에 적용해 보자. 너무 높은 기대치를 가지고 자꾸만 실패할 과제, 즉 아이가 가진 능력 이상의 과제를 주게 되면 아이 역시 학습된 무기력에 빠질 수 있고, 이것이 아이들이 겪는 우울증의 한 단면이 되는 것으로 요약할 수 있다. 무엇보다 통제 지향적인 양육 방식과 결점을 보완하기 위한 교육 방식은 아이들에게 패배감과 열등감을 심어 주고, 이는 곧 아이가 자신의 능력을 믿지 못하게 하고, 나아가 부정적인 자아상과 건강하지 못한 자존감을 갖게 한다.

무엇보다 통제 지향적이고 결점을 보완하는 과정에서는 아이에게 자꾸만 부정적 피드백을 주게 되고, 긍정적 강화가 거의 없는 상태를 초래하게 된다. 좋은 말은 자주 하지 않고, 잘못에 대해 꾸중하고, 자꾸 부족한 부분에만 집중하는 부모의 태도는 아이의 우울 증상을 유발할 가능성이 상당히 높다.

이 밖에도 아이의 삶에는 우울증을 심어 줄 씨앗이 여럿 존재한다. 어린 시절의 상실 경험, 부모의 이혼, 부모와의 갈등, 중요한 과목에서의 실패, 친한 친구와의 다툼, 교사와의 문제, 기대 이하의 성적 등 부정적인 생활 사건들 또한 우울증을 유발한다. 우울 장애는 가랑비에 옷 젖듯 부정적인 사건들이 누적되어 나타날 수도 있다. 특히 부모의 이혼은 충격강도가 상당히 높은 사건이며, 중요한 과목에서 실패한 것도 충격강도가 높은 사건에 속한다.

물론 이러한 사건을 겪은 모두가 우울증을 경험하는 것은 아니다. 같은 사건을 겪더라도 어떤 아이는 잠깐 우울하고 말지만, 어떤 아이는 우울감이 장애로까지 이어지기도 한다. 이는 아이가 가진 자원의 양에 따라, 아이가 가진 기질과 사회적 기술이 어느 정도인지에 따라 달라진다.

부모를 비롯한 가족의 지원 못지않게 사회적 지지가 부족한 경우도 아이의 정서적 안정감과 자존감을 갉아먹으며 우울 장애를 촉발할 수 있다. 아이가 만나는 세계, 즉 또래집단과 교사들로부터 제공되는 지지적 분위기는 우울 장애를 유발하는 생활 사건을 차단시켜 줄 뿐만 아니라 어려움을 극복해 낼 수 있는 자신감을 심어 준다.

사회적 지지는 한 인간이 자신의 삶을 지탱하도록 돕는 심리적이고도 물질적인 자원을 의미한다. 즉 친밀감, 안녕감, 애정과 관심, 인정과 따뜻한 돌봄, 소속감, 물질적 도움 등 자존감과 안정감을 유지해 줄 자원인 것이다. 만약에 아이의 교우 관계가 좋지 못하고, 아이가 교사와 갈등을 겪는다거나 교사로부터 차별당하고 있다면 이러한 사회적 자원의 토대 자체가 거의 없는 것과 마찬가지이다. 따라서 부모는 가족이 지원해 줄 자원뿐만 아니라 아이가 가진 사회적 자원도 잘 살펴봐 주어야만 한다.

아이에게 적절한 사회적 기술을 전수해 주는 것도 중요하다. 사회적 기술이란 긍정적으로 강화될 행동은 표현하고, 그렇지 못한 행동은 표현하지 않는 복합적인 능력을 말한다. 여기에는 자신의 주장과 의견을 효과적으로 전달하면서 의견을 교환할 수 있는 의사소통 기술, 자신의 감정과 생각을 명확하게 나타낼 수 있는 자기표현 기술, 요구나 부탁·거절을 적절하게 할 수 있는 자기표현 기술, 관계에서 나타나는 문제나 갈등을 해결할 수 있는 대인문제해결 기술이 포함되어 있다. 연구에 따르면 이러한 사회적 기술이 부족한 사람들이 우울증에 걸릴 확률이 높다고 한다.

아이에게 사회적 기술을 가르치기 위해서는 부모가 먼저 사회적 기술을 터득하고 아이가 모델링할 수 있게 해 주어야 한다. 적절한 사회적 기술을 갖출수록 긍정적 관계를 맺고, 풍부한 사회적 자원을 가질 수 있는 가능성이 높아진다.

그렇다면 아이가 현재 우울증을 겪고 있다는 것을 어떤 단서를 통해 알아볼 수 있을까? 물론 정확한 진단은 전문가를 통해서 이루어져야 하지만 낮은 자존감, 또래들로부터의 고립, 집중의 어려움, 식욕의 변화, 빈번한 울음, 수면 장애, 신체에 대한 불만, 체중 증가나 상실 등의 징후에 주의해야 한다. 갑작스럽게 자살에 관한 이야기를 꺼내는 것은 두 말할 필요도 없다. 그런데 아동의 우울증은 특이하게도 어른들의 그것과 달라서 과도하게 명랑하게 굴 수도 있다.

전문가의 도움 외에도 부모가 아이의 우울증 치료에 적극적으로 동참해야 하는데, 아이가 자존감이 특히 낮고 자기 자신을 비판하는 경향이 있다면 부모가 긍정적인 강화를 해 주어야 한다. 우리의 뇌는 부모가 아이에게 어떠한 스토리를 들려주었느냐, 어떠한 체험을 했느냐에 따라 역사를 기록하고, 그에 자신을 맞추려는 경향이 있다. 따라서 부모가 아이와 관련한 좋은 이야기를 많이 들려주는 것이 좋다.

물론 아이가 자꾸만 자신의 마음을 남에게 투사하려 한다거나 방어 기제를 사용하면 부모가 분명하게 아이에게 상황과 문제를 직면하게 하고 부드럽게 교육해 주는 것도 중요하다. 무조건 부정적인 것을 덮는 것 역시 좋은 방법은 아니다.

보통 아이들이 우울증을 겪게 되면 죄책감이 동반되는 경우가 많다. 이럴 때 부모는 아이가 스스로 통제할 수 있는 것과 그렇지 못한 것이 분명히 있을 수 있다는 것을 이해시켜야 하고, 감정을 자꾸만 표현할 수 있도록 격려해야 한다.

아이들은 과도한 경쟁 속에서 이미 우울증을 비롯한 다양한 정신 장애를 겪을 조건이 충분하다. 가장 순수해야 할 예술에서도 줄 세우기를 피할 수 없다. 어떤 누구도 열패감에서 자유로울 수 없는 환경은 그 자체만으로도 위험하기 짝이 없다. 이미 어린 시절부터 친구를 놀이 상대가 아닌 경쟁 상대로 봐야 하는 아이들에게 서로가 서로의 사회적 자원이 되어 주는 일은 요원할지도 모르겠다. 아이의 자존감과 자신감을 올려 주고, 행복을 누리게 해 주려는 노력과 과정 자체가 이미 피폐해진 아이들의 마음을 더욱 더 힘하게 만들어 주는 아이러니를 우리 모두가 합심해서 만들어 나가고 있는 것은 아닐는지….

불행하게도 이제 사회와 가정이 아이들의 우울증에 대해 이야기하는 것을 금기시하지 않고, 적극적으로 나서야만 하는 시대가 왔다. 아이들은 어른들의 도움으로 얼마든지 건강해질 가능성이 있고, 건강해져야만 한다. 그들 앞에 남아 있는 무수한 행복을 누려야 할 권리가 있으니….

세상 어디에도
슈퍼엄마는 없다

이제 막 태어난 아이를 보면서 엄마는 온 세상을 품에 안은 듯 가슴 벅찬 기쁨을 느끼고, 아이를 위해서라면 무엇이든 할 수 있을 거라고 다짐했을 것이다. 하지만 젖을 물리는 순간 온몸에 전기가 통하는 듯한 고통을 느껴야 했고, 수시로 깨어서 울어대는 아이 때문에 2시간 이상 잠을 자 보는 것이 소원이 되었으며, 가장 원초적인 생리적 욕구를 해결하는 것도, 편하게 앉아서 밥을 먹는 것도 힘든 일이 되기 일쑤였다.

그 시기만 지나면 분명 편해진다고 했는데, 아이가 커 가는 순간순간마다 힘듦과 고난은 수시로 닥쳐온다. 어린이집과 유치원을 거쳐 아이가 마침내 초등학생이 되면 한시름 놓을 줄 알았는데, 갑자기 남의 물건을 훔치기도 하고, 친구들과 갈등이 생기기도 하고, 고집스러운 자아로 부모에게 지지 않으려고도 한다. 이전에는 육체적인 돌봄만 잘하면 되었지만 이제는 그뿐만 아니라 정서적 돌봄까지 해야 하는 등 부모가 겪어 내야 하는 문제는 더 깊어지고 광범위해진다.

인간이 겪는 모든 경험은 새로운 감정을 선사하는데, 부모로서 겪는 경험은 세상에 태어나서 겪는 새로운 경험 중 가장 행복하면서도 가장 처절한 경험일 것이다. 모든 감정이 미혼일 때보다 증폭되는 경험을 수시로 하게 된다. 기쁨도, 슬픔도 더 커진다. 한 생명의 세계를 완성하는 데에 막중한 임무를 가졌다는 것은 무엇과도 비교되지 않는 큰 부담이다.

게다가 이제 부모는 채워지는 에너지보다 써야 할 에너지가 더 많다. 예전에는 가장 건강하고 젊은 나이에 아이를 양육하는 것이 일반적이었지만 지금은 그렇지도 못하다. 정서적으로 안정되어 있는 사람에게도 부모라는 이름이 주는 부담과 책임감은 충분히 무거울 텐데 정서적 자원이 풍족하지 않은 사람이나 감정을 제대로 처리하지 못하는 사람에게 부모로서 가져야 하는 책임감은 정서적 탈진으로 이어지곤 한다.

부모는 결혼 전에 가졌던 자유를 더 이상 누릴 수 없다. 어느 일요일 늦잠을 자고 일어나 엄마가 차려 주는 밥을 편하게 먹고, 어느 불금에는 친구들과 수다를 떨면서 밤을 지새우는 일을 이제 두 번 다시 할 수 없을지도 모른다. 신분이 바뀌면 마인드도 바뀌어야 하는데, 불행하게도 우리는 이전의 나, 이전의 생활방식, 이전에 누렸던 자유를 고스란히 기억하고 있다는 것이다. 이전의 기억은 사라지고 부모로서의 새로운 신분을 가졌다면 덜 괴로울 텐데, 어쩐 일인지 그때 누렸던 자유에 대한 기억이 더 또렷해진다.

사람은 가졌던 것을 잃었다는 사실만으로도 번아웃을 경험할 수 있다. 게다가 친구가 있기는 있었는지 의문이 들 정도로 결혼과 동시에 하소연할 수 있는 대상도 몇 없다. 친구도, 자유도, 시간도, 체력도 없이 의무만이 가득한 삶이니 스트레스가 가득할 수밖에 없다.

여기에 더해 뭐든지 잘해야 하고, 완벽히 해 내야 한다는 슈퍼우먼 콤플렉스를 가진 엄마들은 더 쉽게 지치기 마련이다. 아이러니한 것은 지친 엄마들일수록 자신이 모든 것을 통제해야 한다는 강박을 가진다는 점이다. 슈퍼우먼 콤플렉스가 통제에 대한 강박을, 통제에 대한 강박이 또다시 슈퍼우먼 콤플렉스를 낳으며, 콤플렉스와 강박이 서로를 지나치게 갈구하는 꼴이다. 지쳤으니 그만 쉬면 좋겠지만, 지치면 지칠수록 통제에 대한 욕구는 더 커지고, 급기야 아이와 가족 모두를 통제해야 직성이 풀린다. 나중에는 통제 자체가 목적이 되어 버린다. 내 힘으로 모든 상황을 통제할 수 있다고 생각해야 안심이 되기 때문이다.

다른 가족 구성원은 통제에 대한 엄마의 욕구를 채워 주는 대상이 되고, 번아웃에 빠진 엄마는 자신이 하나의 구심점으로서 모든 가족을 원으로 뭉뚱그려 합일을 이루려 한다. 이런 경우 누군가는 반드시 희생하게 되는데 보통은 가장 힘이 없는 사람, 즉 아이들이 될 수밖에 없다. 아이는 엄마의 완벽에 대한 집착과 통제의 희생양이자 목적이며 수단이 되어 자신의 욕구보다 엄마의 욕구에 의해 살게 된다. 가족들을 지키기 위해 열심히 살아 온 것이 오히려 가족들을 더 위협하는 지경에 이른 것이다.

이미 지쳤다는 사실 자체가 엄마로서의 삶에 최선을 다하기 위해 바쁘게 지냈다는 뜻이고, 주변에 도움 받을 곳 없이 혼자 힘으로 모든 것을 해 내야 했다는 뜻이며, 남들보다 훨씬 책임감이 강하다는 뜻이다. 더 많은 스트레스 상황에 놓이게 되고, 점점 더 스트레스에 취약할 수밖에 없는 구조를 끊임없이 재생산해 낸다. 그야말로 번아웃 증후군을 가질 완벽한 조건이다.

번아웃 증후군에 가장 취약한 사람은 자신의 감정, 자신의 몸, 자신의 욕구를 모두 내려놓고, 오직 가족과 아이들을 바라보는 부모이다. 내 안에 있는 모든 자아의 욕구를 만족시켜야 함에도 불구하고 특정한 역할을 맡고 있는 하나의 자아에만 과몰입하게 되고, 한꺼번에 그 역할에 맡겨진 모든 일을 처리해야 할 때 스트레스는 적절한 대응의 범위를 넘어서게 된다.

감정을 비롯해 신체적으로 소진이 되면 관계든 일이든 모든 것을 조화롭게 해 낼 수 없게 되고, 이 과정에서 좌절감과 분노가 내면에 쌓인다. 쌓인 좌절감과 분노는 다른 감정선들을 막아 버리고 몸은 계속해서 경계 태세를 갖추면서 경보음을 울린다. 수시로 울려대는 경보음 탓에 실제로 존재하지도 않는 위협에 대해서도 신경을 곤두세우게 되고 몸 자체가 생존을 가장 우선순위로 인식하는 것처럼 되어 버린다.

인간이 생존하기 위해 환경을 만들고 몸을 준비하는 것은 가장 큰 스트레스다. 적이 쳐들어올까 봐 늘 경계를 서는 미어캣을 떠올려 보면 그들의 삶이 얼마나 수고스럽고 힘들지 상상할 수 있을 것이다. 이처럼 매일 생존 본능에 의지해서 살아가는 사람은 사소한 상황에서도 예민하게 반응하며 걸핏하면 짜증과 화를 낸다. 짜증과 화는 가장 강력한 생존 기제로서의 감정이기 때문이다.

스스로 지금 번아웃 증후군은 아닌지 자가 진단해 봐야 한다. 누군가를 쉽게 비난하고 걸핏하면 주변인들의 흉을 보지는 않는지, 자기가 계획했던 일들이 틀어지거나 아이가 사소한 실수를 저질렀을 때 불같이 화를 내고 있지는 않은지, 무언가를 하려고 하다가도 자꾸만 드러눕고 싶지는 않은지, 특정한 생각에 집착하거나 걱정하고 있는 것은 아닌지, 잠을 제대로 자지 못하는 것은 아닌지…. 그런 다음에 어떻게 이 상황에서 벗어나서 건강한 엄마가 될 수 있는지를 고민해야 한다.

슈퍼엄마가 될 수 없다는 것을 인정해야 스스로에게도, 가족에게도 좋다. 헬리콥터 맘이 되겠다는 포부를 포기하면 더 좋다. 엄마의 곁을 절대 떠나지 않는 의존적인 자녀로 인해 평생을 번아웃 증후군으로 살기를 희망하지 않는다면 말이다. 엄마로서의 자아 말고도 여자, 사회인, 그냥 나로서의 자아 또한 돌볼 수 있도록 자신만의 시간을 가질 수 있다면, 엄마의 역할을 남편에게, 시부모에게, 친정부모에게, 학교 교사에게 조금이나마 위임할 수 있다면 더할 나위 없이 좋다.

정서를 조절하기 위해서는 자신의 감정을 인지해야 하고, 밖으로 나가야 할 감정을 탈출시켜야 한다. 번아웃 증후군이 왔다는 것은 해소되어야 할 감정이 묵은 채로 남아 고약한 냄새를 피우고 있다는 방증이다. 그 동안 내가 나 자신의 감정을 모르는 체하지는 않았는지, 누군가에게 내 감정에 대해 말하고 싶었으나 참아 오지는 않았는지 곰곰이 생각해 본 후에 감정을 표현하는 적절한 방법을 찾아야 한다. 감정일기를 써도 좋고, 운동을 해도 좋고, 폭풍수다를 떨 친구를 만들어도 좋고, 내게 상처를 주었던 부모에게 상처의 역사에 대해 이야기하는 것도 좋다. 어떠한 방법이든 나의 감정과 스트레스를 말로써 표현하는 것이 필요하다. 마음이 담긴 몸을 건강하게 만들어 주는 것도 좋은 방법이 될 수 있다.

엄마가 엄마로서의 역할을 다 한다는 것은 세상에서 가장 훌륭한 일일 것이다. 하지만 나도 엄마이기 이전에 누군가의 자녀였다는 점을, 지금의 내가 아이의 행복을 바라는 것처럼 나의 부모 역시 나의 행복을 가장 원했음을, 부모로서의 책임감은 아이를 통제하기 위해서가 아니라 사랑하기 위해서임을 잊지 않는다면 번아웃 증후군을 예방할 수도, 극복할 수도 있을 것이다.

어린 시절을 잃은 채
어른이 된다는 것

정서적 방임도 폭력에 해당한다는 것을 모두가 인식하는 시대에 살고 있다. 그런데 아이에게서 어린 시절을 박탈하는 것이 폭력 중에서도 가장 큰 폭력이라는 것을 모르는 사람이 여전히 많다. 아직도 소위 말하는 애늙은이, 어른스러운 아이를 자랑스러워하거나 대견해한다. 심지어 오히려 안타까워해야 할 일임에도 남의 집의 어른스러운 아이를 보며 부러워하기까지 한다.

물론 남들보다 의젓하고 독립적인 아이가 있을 수 있다. 하지만 의젓한 것과 어른스러운 것은 차이가 있다. 의젓한 것은 내재화된 성격적 특성이지만, 어른스러운 것은 외재화된 환경적 산물이다. 즉 어린 시절을 겪지 못하고 바로 어른으로 뛰어넘는 것은 아이에게 주어진 환경 탓이다. 집안 살림을 해야 하거나 동생을 챙겨 주고 돌보면서 어른이 해야 할 일을 아이가 대신 맡아서 하는 경우가 있다. 돌봄을 받아야 함에도 부모를 돌봐야 하고, 알아서 자신의 일을 하면서 나이에 걸맞지 않게 조숙해 버리는 것이다.

이처럼 나이에 걸맞지 않게 어른처럼 되어 버리는 것을 '부모화'라고 한다. 이러한 조숙함은 겉으로는 성숙해 보이지만 발달의 단계를 뛰어넘어 버렸기 때문에 진정으로 성숙하다고는 할 수 없는 상태이다. 부모화를 겪는 아이들은 겉으로는 부모와 형제자매들과 친밀한 것처럼 보이지만 내면은 그와 반대인 경우가 많다.

떼를 전혀 쓸 수 없는 환경, 자신의 감정을 말할 수 있는 친밀함의 부재, 부모 중 누군가의 성적 대상이 되는 것 등 아이의 유년을 빼앗는 크고 작은 사건들은 비일비재하게 발생한다. 흔히 대단한 사건만이 아이의 유년을 도려낸다고 생각할 수 있다. 자신이 하는 일들은 아주 작은 것이기에 그것에서 제외된다고, 가정 형편상 어쩔 수 없는 일이라고 자기 위안을 할 수도 있다. 아이에게서 놀이를 빼앗는 것도 어린 시절을 잃게 하지만 모두가 하고 있으니 큰 일이 아니라고 서로의 도둑질을 묵인하고 있을 수도 있다.

어떤 한 가지 사건이 아이의 유년을 빼앗지는 않는다. 단순히 바쁜 부모를 대신해 설거지를 하거나 동생을 돌봐주었다고 해서 부모됨의 자격을 논하는 것도 터무니없고 비약적이다. 아이가 부모가 해야 할 일을 대신 한 사례가 문제가 된다거나 중요한 것이 아니라 그 과정에서 무시되어 온 아이의 수고, 외면받은 힘든 마음, 고마워하거나 미안해하는 대신 당연한 것으로 인식하는 태도 등이 세트로 따라오는 경우가 문제이다. 아이가 가진 힘을 뛰어넘는 일을 하고서도 힘든 것을 힘들다고 말하지도 못한 채 묵묵히 견디는 것밖에는 할 수 없는 그러한 분위기와 환경 말이다.

다른 동물과 달리 인간은 독립할 때까지 상당히 많은 시간이 걸린다. 인간의 수명이 더 길어서이기도 하지만, 사회에 적응하기까지 다양한 기술을 익혀야 하기 때문이다. 이는 곧 그 기간 동안 아이에게는 의지할 안전망이 있어야 한다는 뜻이기도 하다. 자아의 힘을 기르기 위해서는 누군가에게 완전히 의지하는 경험을 해 보아야 한다.

힘이 없는 존재일 때 양육자라는 안전한 울타리를 경험해 본 아이들이 비로소 세상에 대해서도 안심하게 되고, 세상 밖으로 나갈 힘도 얻게 된다. 우리의 자아는 일정한 단계를 거쳐 성장하고 성숙하게 되는데, 초석이 단단하게 다져져야 자아력이 굳건해진다. 따라서 이러한 단계를 차근차근 밟지 않고 건너뛰어 버린 아이들은 자아력을 다질 수 있는 기회를 잃어버려 자아력이 생길 수가 없다.

의지해 본 경험이 없는 아이일수록 이 결핍에 대한 보상 심리로 나중에 타인에게 더욱 더 정서적으로 의존하게 된다. 특히나 유년을 박탈당한 채 일찍부터 어른 역할을 해 온 아이들에게서 나타나는 특징은 정서적 억압과 감정의 무감각, 그로 인한 공감능력의 결여, 자신에게 해를 끼치는 사람을 거부하거나 거역하지 못하는 태도, 철회나 취소 등 무의식 중 원초적 방어기제의 작동 등이다. 이러한 모습들은 어른에게 필요한 정서적 성숙과 거리가 먼 특성들이다. 보기에는 어른스러운 것처럼 보이는 아이들이 오히려 미성숙한 특징들을 보이는 것이다.

흔히 아이들을 이기적인 존재라고 한다. 자신의 욕구에만 충실하지 어른을 전혀 배려하지 않는다고 말이다. 때로는 이렇게 계속 이기적으로 행동하다가는 이기적 어른이 되지는 않을까 걱정한다. 계속해서 주장하는 바이지만 인간은 결핍이 없어야 그에 대한 집착도 없다. 아이의 특성이 이기적인 이유는 그것이 바로 생존능력이어서이다. 자기고집을 피우고, 나만 보라고 해야지만 생존할 수 있는 것이다.

그러다가 점점 자라서 힘이 생기면 생존능력보다 적응능력이 필요한 시기가 오고 더 이상 떼를 부리거나 이기적으로 굴 필요가 없어진다. 그때까지도 지극한 이기심에 자기만 보라고 하고 바닥에 드러눕는다면, 이는 단계에 맞는 발달 과정이 아니며 어느 시기에 고착되었거나 퇴행한 것이다. 영유아기 때 발달 과정상 겪는 분리불안을 초등학교에 들어가서도 겪는 탓에 학교생활에 지장이 있다면 이는 분리불안 장애에 해당하므로 심리 상담과 치료가 필요하다.

즉 인간에게는 발달 과정에 맞는 발달 과업이 있다. 이러한 발달 과정과 발달 과업을 주장한 심리학자가 여럿 있는데 그중 가장 대표적인 사람이 에릭슨(Erik Erikson)이다. 그는 심리사회적 발달 단계를 8단계로 주장했는데, 각 단계에는 양극과 음극이 동시에 있다. 첫 번째 단계는 신뢰 대 불신의 단계로 아이는 태어나자마자 부모에 대한 신뢰의 태도를 발달시켜야 한다. 이 단계를 극복하지 못하면 아이는 불확실성에 직면할 때 타인을 불신하게 된다. 두 번째 단계는 자율성 대 수치심, 세 번째 단계는 주도성 대 죄책감, 네 번째 단계는 근면성 대 열등감의 단계이다. 여기까지가 초등학생 때까지 거쳐야 하는 과정이다.

각 단계는 모두 갈등 구조로 이루어져 있고, 이 갈등을 어떻게 해결하는지를 배운 사람들이 심리적 힘을 얻게 된다. 에릭슨은 각각의 갈등을 해결하기 위해 필요한 행동이 무엇인지는 구체적으로 설명하지 않았다. 하지만 어느 단계에서 갈등을 해결하지 못하면 다음 단계로 나아가기 힘들다는 것과 각각의 단계에서 부모의 역할과 가르침이 중요하다는 것은 분명해 보인다. 아이 때의 단계를 제대로 거치지 못한 사람은 지금 그중 어느 단계에 머물며 그 근처에서 계속 서성인다. 각각의 단계에서 맛본 좌절을 도대체 어떻게 진화로 연결시키는지를 배운 적이 없기 때문에 성숙해지기를 거부하는 사람도 있을 수 있다.

어른에게도 부모가 필요할 때가 있다. 그러니 아이들은 오죽할까? 부모가 힘들까 봐, 부모가 걱정할까 봐 힘든 마음을 털어놓지 못하고 아이가 마냥 어른스럽게 행동하고 있다면, 너는 아직 어른이 될 필요가 없다고, 너는 보호받아야 할 존재라고, 아이 시기를 마음껏 누린 다음에 어른이 되어도 늦지 않다고 분명하게 언어로 표현해 주어야 한다.

그 말은 아이에게 안심감을 주고 아이를 자유롭게 해 줄 것이다. 자유로움은 안심이 되어야 가능한 일이므로 아이가 자유로운 삶을 살기를 원한다면 가장 먼저 안심을 선물로 주어야만 한다. "너를 지키는 것은 너 자신이 아니라 부모인 나의 몫이다."라고 하면서….

불안한 엄마를 둔 아이들이 마주하는 현실

미국심리학회의 발표에 따르면 여성이 남성보다 스트레스, 불안, 우울증을 겪을 확률이 최대 28%가 더 높다고 한다. 여성이 남성보다 감정적·생물학적으로 더 민감하기 때문에 나타나는 결과이기도 하지만, 그것만으로는 차이를 설명하기에 충분치 않다. 여성에 대한 문화적·사회적 요구와 환경이 여전히 엄격하게 작용하고 있음도 한몫할 것이다. 특히나 기혼여성에게 가해지는 압박은 시대가 흘러도 좀처럼 변하지 않고 있다.

한 설문조사에서 남녀 각각에게 돈이 많이 생긴다면 무엇을 하고 싶으냐고 묻자 남성은 결혼을 하겠다는 답변이 1위였고, 여성은 비혼의 독립 생활을 하겠다는 답변이 1위였다. 결혼에 대한 남녀 간의 동상이몽이 얼마나 큰지를 알 수 있다. 세월이 많이 바뀌었다고 해도 여전히 남성에게 결혼은 안정적인 생활을 가져다주는 것이며 결혼을 통해 사회적으로 더 어른 대접을 받는 경향이 있지만, 여성에게 결혼은 자신의 사회생활을 비롯한 여러 부분을 흔들어 버리는 것이며 어른 대접은 커녕 아무리 잘나가던 여성도 그냥 '아줌마'가 되어 버린다.

이러쿵저러쿵 주변의 훈수도 많다. 아이를 어린이집에 맡기고 출근을 하면 모성이 없는 엄마인 양 뭐라고 하고, 집에서 살림을 하면 집에서 논다고 뭐라고 한다. 어쩌다 아빠가 아이들에게 라면을 끓여 주면 가정적이라고 하고, 어쩌다 엄마가 라면을 끓여 주면 무책임하다고 한다. 같은 부모 입장인데도 아빠보다는 엄마에게 과도한 압박감이 주어진다. 때로는 같은 부모이지만 양육이나 교육에서 본인 몫을 잊은 아빠들이 엄마들에게 책임론을 거론할 때도 있다. 엄마는 그야말로 주어진 모든 역할을 잘 소화해 내야 하는 사람이 된다. 이처럼 부과되는 역할에 대한 과중한 기대 때문에 엄마들은 불안감에 휩싸일 때가 많다.

한 엄마가 나의 책 『엄마 말고 나로 살기』를 읽고 쓴 후기가 인상 깊었다. 어떻게 하면 엄마만이 아닌 자신의 삶을 찾을 수 있을까 궁금하여 책을 읽으려고 했더니 갑자기 아이가 아프기 시작했다며, 자신이 너무 이기적인 것은 아니었는지, 아이가 본능적으로 그것을 알고 아픈 것은 아닌지 죄책감을 느꼈다고 했다. 아이가 하필이면 엄마가 자아를 찾아 나서려는 찰나에 아팠던 것은 우연의 일치였음에도 불구하고 마치 그것이 자기 탓인 것만 같은 죄책감에 빠졌던 것이다.

만약 그 엄마가 평소에 불안한 심리 상태가 아닌 안정된 상태였다면 아이가 아픈 것과 자신의 일을 찾아 나서기로 결심한 것을 별개의 문제로 인식할 수 있었을 것이다. 어쩌면 잘할 수 있을까에 대한 불안한 심리를 잠재우기 위해 무의식적으로 인지적 오해석을 한 것일지도 모른다. 이처럼 엄마들은 모든 것이 자기 잘못인 것처럼 느끼는 불편감을 자주 경험한다. 불안이 비논리적인 죄책감을 동반하는 전형적인 예이다.

죄책감은 불안의 매우 흔한 증상이다. 이러한 심리 상태에 놓이게 되면 모든 것이 자신의 잘못인 것처럼 느끼는 것은 물론, 책임지지 않아도 되는 것까지 자신이 짊어지려고 애쓰게 되고 이러한 노력들은 상황을 왜곡하여 해석하게 한다. 나아가 불안으로 고통 받는 사람은 자기 자신의 정서적 고통 자체가 다른 사람에게 부담이 된다고 생각하며, 자기가 가까운 사람들을 상처 입힌다고 느낀다. 결국 자기 자신에 대한 부정적인 자아상을 갖게 되고, 자기 자신을 쉽게 비난하게 되면서 불안감을 더욱 더 통제하지 못하는 악순환을 겪는다.

이러한 불안 심리는 강박사고를 낳는데, 이는 아이의 세계관으로 이어질 수밖에 없다. 자기 자신을 생각하는 것에서조차 죄책감을 느끼는 엄마의 병적 불안은 아이의 세상을 결코 안정되게 할 수 없다. 엄마는 끊임없이 아이를 확인하고, 아이는 모험을 경험할 기회를 박탈당할 것이다. 엄마의 불안한 심리 때문에 아이도 피해자가 될 수 있다.

엄마의 불안함은 아이가 잘되기를, 무사히 잘 자라 주기를, 그리하여 행복해지기를 원하는 소망에서 비롯한 것이기에 엄마가 불안을 느끼는 것은 지극히 당연하다. 따라서 불안을 통제하지 못하는 자기 자신을 탓할 필요는 전혀 없다. 다만 아이에게 불안을 유산으로 물려주지 않기 위한, 일상적인 불안이 병적 불안감으로 이어져 모든 것이 자기 탓인 것 같은 절망감에 빠지는 것을 막기 위한 몇 가지 유의 사항을 제안하고자 한다.

첫째, 엄마는 그 어떠한 것도 그 어느 누구에게도 증명할 필요가 없다는 것을 스스로에게 설득해야 한다. 내가 좋은 엄마인지 아닌지를 누가 지켜보고 있다고 해서 내가 그에게 그것을 증명해야 하는 것은 아니다. 그 대상이 나 자신도 아니어야 한다. 엄마는 좋을 때도 있고 나쁠 때도 있다. 모든 사람이 좋은 모습과 나쁜 모습을 동시에 지니는 것처럼 말이다. 아이도 점점 자라면서 엄마에게 좋은 면도 있고, 나쁜 면도 있다는 것을 이해하고 받아들이게 되므로 항상 좋은 엄마여야 한다는 부담에서 느슨해져도 괜찮다.

둘째, 사회가 정해 주는 우선순위 말고 나만의 우선순위를 정해야 한다. 엄마, 아내, 며느리와 딸을 동일선 상에 놓아두고 정작 중요한 나는 뒤에다 놓아두니 피곤해지는 것이다. 사회 혹은 타인이 나에게 부과한 역할 말고 나만의 우선순위를 정해야 하며, 이 모든 역할은 한 선에 있지 않아야 한다. 어떤 역할은 뒤로 빠지고 어떤 역할은 제외되기도 해야 힘 조절을 할 수 있고 불편한 감정이 몰려올 때 이겨 낼 수 있다.

마지막으로 불안은 결함이 아니라는 것을 인정하고 자신의 행동, 감정, 상황에 대한 판단으로 인한 죄책감에서 벗어나야 한다. 죄책감은 스스로를 판단하는 것에서 비롯하며 자신을 끊임없이 채찍질하게 만들어 불안의 고리를 더 끊어내지 못하게 만들곤 한다. 적당한 자기주장 기술을 익히고 자기 자신에게 배울 기회, 성장할 기회도 허락함으로써 자신감을 되찾는다. 그리고 어느 지점이 되면 불안이 정리가 되는지를 알아봐야 한다.

아이들은 상냥함도 위협이 되는 불안한 시대에서 자라고 있다. 그들이 가장 가까이에서 대하는 세상만큼은 불안하지 않은 안전한 세상이기를 바란다. 엄마가 자신의 불안한 심리를 돌보는 데 노력과 시간을 아끼지 않음으로써 아이들이 안전감을 누리게 해야 한다.

표준에 대한 집착이 아이들을
정상증후군으로 만든다

과거의 아이들은 특별한 삶과 꿈을 이야기했는데, 현대의 아이들은 평범하게 사는 것을 꿈꾼다. 대통령이 되겠다는 아이들을 더 이상 찾아볼 수 없다. 초등학생들에게도 모험보다는 안정이 더 큰 가치가 되어 대부분의 아이가 공무원을 꿈꾼다. 그 꿈에는 아마도 부모의 바람과 입김과 회유가 혼합되어 있을 것이다.

평범한 삶이라는 말 앞에는 '남들처럼'이라는 단어가 수식하고 있다. 교육은 특별한 것에서 일반적인 것이 되었고 자신의 특출남을 증명하기보다 남들보다 열등하지 않다는 것을 증명하는 것이 성공한 삶이 되었다. 평균, 표준, 정상, 보통 등에 대한 집착은 기준에서 조금 어긋난

독특함과 개성에 대한 무시와 경멸까지 승인하게 만들고야 말았다.

　어느 날 식당에서 음식이 나오기를 기다리고 있었다. 옆자리에 지친 기색이 역력한 초등 남학생이 할머니와 함께 앉아 있었다. 그 또래 남자아이의 명랑함을 볼 수 있지나 않을까 싶어서 말을 건넸다. 피아노 학원 가방을 메고 있기에 피아노가 재미있느냐고 물었다. 아이는 내 얼굴은 쳐다보지도 않고 전혀 재미가 없다고 답했다. 할머니가 민망한 얼굴로 말했다. 주말인데도 피아노학원 끝나면 수영을 배우러 가고, 수영이 끝나면 영어 학원을 이어서 간다고 했다. 초등학교 1학년 아이의 스케줄이 내 스케줄보다 더 꽉 차 있었다. 부모가 다른 아이들이 하는 것을 모두 시키고 있는 것이었다.

　대부분의 부모가 그렇다. 다른 아이들보다 뒤처지지 않는 평균의 삶을 살게 하기 위해 다른 아이들이 하는 것들을 시켜야 안심이 되는 것이다. 각자도생의 삶이지만 우리는 서로의 거미줄에 걸린 거미처럼 살고 있다.

　남들처럼 살기 위해 노력하는 삶에서 가장 부족한 것은 시간일 수밖에 없다. 해야 할 것이 많은 삶이므로 당연하다. 그러다 보니 체험과 관계를 통해서 배워야 할 것들을 책을 통해 배우고, 그것조차 허락되지 않으면 구전으로 배운다. 배우기라도 하면 그나마 다행일 정도다. 책과 영상, 혹은 부모의 말로도 배울 시간이 없는 아이들은 배움의 기회조차 갖지 못하는 경우도 허다하다.

더 큰 문제는 남들이 하는 것을 다 하느라 바쁘다는 사실보다 자신의 힘든 마음과 이야기를 들어 줘야 할 부모가 옆에 없다는 것이다. 주말조차도 할머니가 아이의 학원을 책임져야 할 상황이라면 부모와의 교제와 교류는 거의 전무하며, 부모와의 정서적 친밀감을 잃었다고 볼 수 있다.

체험과 경험, 소통과 관계를 상실한 배움은 아이들의 정서에 구멍을 낸다. 관계에서 가장 필요한 공감을 글로 배우거나 부모로부터 제대로 모델링할 수 없는 아이들은 남의 고통에 대해 연민하거나 공감할 수 없다. 학교 폭력이 난무하는 것도 모자라 폭력이 학교 밖을 넘어서서 성인의 범죄 수준이 된 것은 모두 이러한 부작용 때문이라고 해도 과언이 아니다. 이를 정신분석가인 크리스토퍼 볼라스(Christopher Bollas)가 명명한 '정상증후군'으로 설명할 수 있다.

정상증후군은 비정상적인 정상인을 지칭한다. 보기에는 정상처럼 보이지만, 정서적으로 무감동하고, 타인을 공감하는 능력이 없으며, 주관적인 삶에는 관심이 없고 물질적 현상과 자료에만 관심이 있다. 타인의 주관성과 감정을 이해하지 못하는 것이다. 그들이 누리는 풍요로움도 전혀 의미 없는 것이 된다.

아이들뿐만 아니라 어른들에게서도 정상증후군이 자주 보인다. 입양한 16개월 아이를 췌장이 끊어질 때까지 학대한 양모, 아홉 살 아이를 캐리어에 7시간 동안 가두어 숨지게 한 계모 등은 공감을 체험으로 배우지 못했기에 상대가 느끼는 고통에 대해 역지사지할 수 있는 능력이 훼손되었을 뿐만 아니라 인간을 하나의 존엄한 인격으로 대하지도 못하는 것이다.

인간이라면 도덕과 윤리가 무엇인지 다들 알고 있다. 그런데 제대로 된 인간인가 싶을 정도로 도덕과 윤리를 상실한 인간은 도덕과 윤리를 글로 배워서 그렇다. 엘리트들의 도덕성 상실과 범죄가 가장 큰 예이다. 머리로는 아는 개념이지만 체득한 적이 없는 것이다. 말 그대로 지식과 이성만 있는 상태로 감각과 감정을 상실하여 인간성을 발휘할 수 없다. 볼라스는 글로만 배웠을 때, 관계로 배우는 것이 없을 때 인간 안의 잔혹성이 발현되고 도덕과 해리된다고 했다.

더 이상 인간이 인간에게 아무런 의미도 없이, 인간이란 오직 접촉하는 현상, 마주하는 자료인 삶에 불과한 것만큼 삭막한 것이 또 있을까? 분명 비정상임에도 모두가 이러하다면 오히려 비정상이 정상인 세상이 아닌가. 표준에 대한 집착과 보통에 대한 집단적 갈망이 아이들을 이상한 보통의 존재로 만들지는 않았는가. 존재의 부재함에 대해 무미건조해지고, 존재에 대해서 전혀 갈망하지 않는 황폐한 마음, 이것이 진짜 부모가 아이들에게 물려주고 싶은 삶인 걸까?

인간이란 취약한 존재이기에 서로가 서로에게 의지하여 협동할 수밖에 없도록 만들어졌다. 그렇기에 더 강해질 수 있는 존재들이기도 하다. 그러므로 아이들에게 인간관계를 맺을 기회와 친구와 놀 권리를 빼앗지 않도록, 갈등을 겪더라도 관계에 대해 소망하도록 해 줘야 한다. 부모가 다른 사람들과 어떻게 관계 맺는지를 아이에게 보여 주면 좋겠지만, 아이들의 관계를 부모가 잘 모르듯 아이도 부모의 관계를 지켜볼 기회가 많지 않다. 게다가 어른에게 친구란 나이가 들수록 희귀해지기도 하고 말이다.

타인과 관계를 잘 맺는 모습을 통해 좋은 모델이 되는 것도 좋겠지만, 가장 훌륭한 방법은 아이와 좋은 인간관계를 맺는 것이다. 그것만큼 직접적이고도 확실한 효과를 입증할 방법은 없다. 어쩌다 식탁에서 마주친 아빠가 친구들과의 사이는 어떤지, 학교생활에서 힘든 점이나 고민되는 것은 없는지를 물어보기보다 성적은 어떤지부터 물어본다면 아이에게 아빠는 인간관계 기피 대상이 될 수밖에 없다. 회사에서는 세상 좋은 사람이지만 집에서는 말 한마디 하지 않는 부모라면 아이들은 인간의 이중성만 급히 배울 것이다.

우리가 사회생활을 해 오면서 맺어 왔던 인간관계에서 어떤 사람이 좋았는지 떠올려 보면 내 아이와 어떤 관계를 맺어야 하는지, 내가 어떤 대상이 되어 주어야 하는지 답이 나온다. 단점보다 장점을 이야기해 주는 사람, 기대고 싶을 때 옆에 딱 나타나 주는 사람이 좋지 않았던가. 엄마가 나에게 공감하는 모습을 통해 아이가 공감을 배울 수 있도록, 아빠의 도덕성을 통해 아이가 도덕을 체득할 수 있도록 부모와 아이는 최소한의 시간과 가치관을 서로 공유해야 한다. 아이에게만 올바른 가치관을 요구할 것이 아니라 엄마는 어떤 가치관을 갖고 있는지 아이에게 이야기해 주어야 한다. 한쪽에서는 항상 요구만 하고, 한쪽에서는 항상 요구에 따라야 하는 인간관계는 누가 봐도 이상하다.

같이 집안일을 하면서 협동하는 관계가 되는 것, 아이의 과제를 검사만 하는 것이 아니라 함께 문제를 해결해 보는 것, 잠깐의 시간이라도 마음을 나누고 감정을 공유하는 것, 그것이 가정이라는 가장 기초적인 사회에서 아이들이 경험해야 할 교류의 문화이다. 아는 것이 아니라 느끼는 진짜 교류가 필요하다.

내 아이의 정서 경고등
알아차리기

아이가 화를 내는 것은
도와 달라는 신호다

부모들은 아이가 화를 낼 때 부모의 권위에 도전하거나 반항을 한다고 여기기 쉽다. 그래서 화를 내는 이유와 상황보다 화를 내는 모습 자체를 비난하거나 회피해 버린다. 특히 우리는 감정을 부정과 긍정으로 나누어 감정에 대해 이해하기보다 판단하는 것에 익숙하고 특히 분노라는 감정은 마치 판도라의 상자에 들어 있는 불행과도 비슷한 감정 정도로 치부하곤 한다. 그런데 분노는 생존에 필수적인 감정이며, 인류는 이 감정을 통해 지금까지 유지되어 왔다. 무엇보다 분노를 잘 처리하여야 다른 감정까지 오염시키지 않을 수 있다.

어른들이 그런 것처럼 아이들도 때로는 이유 없이, 혹은 자기도 이유가 무엇인지 모른 채 짜증을 내거나 화를 낼 때가 있다. 아이가 분노를 표현할 때 부모는 책임감과 죄책감, 걱정과 짜증 등의 복합적인 감정을 느끼며 무엇을 해 줘야 할지 난감해한다. 때로는 화를 내는 모습 자체에 더 크게 화를 내며 화를 화로써 눌러 버린다.

그러나 아이들이 괜히 화를 내는 것처럼 보이는 상황은 아이들 스스로 마음을 정리할 수 없으니 부모에게 도와 달라는 신호를 보내는 것으로 이해하는 것이 좋다. 그래야 아이의 마음에 화를 쌓아 더 큰 화를 불러 오게 하는 것을 막고, 아이는 어떻게 하면 분노를 조절할 수 있는지를 배울 수 있다.

먼저 아이가 화를 내는 것 자체가 반항인지, 아니면 스트레스 반응인지를 살펴봐야 한다. 반항에는 결단, 자각, 의지, 선택 등의 요소가 들어 있다. 분명한 이유와 의지를 가지고 하는 행동인 것이다. 만약 반항을 위한 행동으로 화를 선택했다면, 다르게 행동할 수도 있는데 굳이 분노를 표출하는 공격적인 행동을 했다면, 그 행동 자체는 꾸짖고 수정해 주어야 한다.

감정은 무조건 존중하고 인정하지만, 잘못된 행동은 잘못되었다고 말해 주어야 아이의 불안감을 잠재울 수 있다. 아이들은 본능적으로 자신이 잘못된 행동을 할 때 이를 인식하며 자신의 잘못된 행동을 누군가가 잡아 주기를 원한다. 그런데 아무도 잘못되었다고 말하지 않고 수정해 주지도 않는다면 아이는 자유로워지는 것이 아니라 오히려 불안해진다. 자유도 경계를 경험해 본 사람만이 가질 수 있는 것이다.

앞에서 언급한 몇 가지의 반항 요소를 보이지 않고, 자신도 자각하지 못하는 스트레스 반응으로 화를 내고 있다면 부모는 적극적으로 스트레스를 해결할 방법을 같이 찾아보아야 한다. 평소에 아이를 잘 관찰한 부모라면 아이의 화가 반항인지, 스트레스로 인한 생물학적 반응인지를 충분히 구분할 수 있다. 그럼에도 불구하고 이를 좀 더 정확히 확인하기 위해서는 아이에게 직접 물어보면 된다. 아이가 화를 내는 이유를 분명하게 말할 수 있다면 자신의 행동에 대한 자각과 의식이 있었다는 이야기이고, 시선을 회피하거나 흔들리는 표정, 더 큰 분노, 울음, 혼란, 두려움 등의 표정을 보인다면 스트레스 반응이다.

아이가 스트레스의 한계를 느끼고, 자신의 진짜 감정을 어떻게 표현해야 할지 몰라서 화를 내는 상황에서 꾸짖거나 나무라면 스트레스를 더 키우게 되고, 아이가 자기조절력을 갖출 기회도 놓치게 된다. 화를 내는 모습이 스트레스로 고통 받는 아이의 마음을 대변한다고 느끼게 되면 치밀어 오르던 화와 아이의 고집을 꺾고야 말겠다는 불굴의 의지가 누그러질 것이다.

아이의 분노가 스트레스 반응인지를 확인하였다면 아이를 위협하는 스트레스 요인이 어떤 것인지를 파악해야 한다. 스트레스 요인이란 항상성(유기체가 외부 자극에 대응하고 성장, 재생산, 면역 기능 등의 내적 요구에 대해 내부의 균형을 이루는 과정)을 깨는 모든 요인을 말한다. 아이에게 스트레스를 촉발하는 요인이 무엇인지 물어보고 아이가 정확히 그 요인을 인지하고 말해 줄 수 있으면 다행이지만, 자신도 모르 겠다고 대답한다면 함께 차분히 찾아볼 것을 제안하고 상황 자체를 돌 아볼 수 있는 시간을 가지는 것이 좋다.

감정이 대체로 그러하듯이 분노에도 어떤 패턴이 있다. 동생이 아이 의 물건을 만질 때마다 분노가 폭발하는지, 특정 수업과 공부 시간 때 마다 아이가 핑계를 대면서 그 시간을 피하려 한다든지, 어떤 친구와 놀고 나면 시무룩해진다든지, 아침에 일어날 때마다 짜증을 낸다든지 등등. 이러한 특정 패턴을 잘 관찰해 보면 수면이나 영양, 또래 관계, 학습 과부하 등의 문제가 드러날 것이다.

사람은 한정된 에너지를 가지고 살아간다. 그런데 어떤 스트레스로 에너지를 모두 소진해 버리면 학습 등 다른 일에 쏟을 에너지가 그만 큼 부족해진다. 따라서 아이가 스트레스에 대처할 자원을 얼마만큼 가 지고 있는지를 꼭 확인해야 한다. 이에는 아이의 수면과 영양 상태, 활 동 시간, 건강 상태 등이 포함된다. 육체적 에너지가 충분하면 정신적 에너지의 고갈을 막을 수 있다. 몸의 에너지가 떨어지게 되면 심리적 으로도 영향을 미친다. "건강한 신체에 건강한 정신이 깃든다."는 말 이 오래된 진리인 이유이다.

아이들의 자원과 스트레스 패턴을 확인하였다면, 당연한 말이지만 스트레스에 대한 과각성을 낮출 수 있도록 스트레스 상황을 해결해 주 거나 스트레스 요인을 줄여 주어야 한다. 동생과 있는 시간이 괴로운 아이는 혼자만의 시간을 가질 수 있도록, 먹는 것에 소극적인 아이는 아이의 입맛에 맞는 레시피를 개발하거나 보충 음식을 통해서라도 생물학적 에너지원을 공급해 주어야 한다. 학습 자체가 아이의 능력을 초과하고 있다면 아이의 수준에 맞는 과제를 주고 과제의 양을 줄여야 한다.

무엇보다 스트레스 요인을 줄여 주기 위해서는 스트레스를 받는 당사자인 아이가 자신이 어떠한 스트레스로 인해 분을 이기지 못하는지를 인지해야 한다. 아이도 자기가 왜 이렇게까지 짜증과 화가 밀려오는지를 모른 채 답답하기만 하다가 무엇 때문에 화가 나는지를 알게 되면 긴장감을 낮추고 이에 대처하는 법을 배울 수 있다.

아이가 화에 사로잡혀 흥분이 가라앉지 않은 상태라면 아이의 심장을 압박하듯이 꼭 안아 주는 것이 좋다. 화가 나면 제일 먼저 가장 강력하게 반응하는 곳이 심장이므로 강한 포옹으로 심장을 안정되게 만들어 주는 것이다. 이는 육체적·정신적으로도 의미 있는 행위이다. 평소에도 부모가 아이를 자주 안아 주면 아이들의 심리적 안정과 건강에 상당히 도움이 된다. 포옹은 심장을 압박하고 불안감이나 기타 불편한 감정들을 급격히 떨어뜨린다. 아이가 성인이 되기 전까지 수시로 아이를 안아 주기를 권한다. 포옹이야말로 가장 따뜻하면서도 애정 어린 몸의 언어이다. 몸에 새겨진 사랑의 흔적은 생각보다 강하다.

평소에 스트레스를 관리해 주는 가장 좋은 방법은 운동이다. 세계보건기구(WHO)는 아이들에게 매일 최소 1시간 이상 운동할 것을 권장한다. 그렇게 하지 않으면 아이들의 육체적, 정신적 건강을 해친다고 한다. 운동을 하지 않는 아이는 행동이 느려지고 스트레스 호르몬인 코르티솔 분비가 많다. 고학년이 되면 공부에 스트레스를 더 많이 받게 되는데 운동부터 그만두게 되니 가장 효율적인 스트레스 관리 자원을 잃는 불상사를 겪는 것이다.

운동을 하면 심폐활량이 좋아진다. 심폐활량이 좋은 사람은 우울증에 잘 걸리지 않는다는 연구 결과가 있고, 운동을 꾸준히 하면 자기조절력이 강해진다는 연구 결과도 있다. 신경전달물질은 신경세포 간의 통신을 담당하는 화학 세포인데 운동은 이러한 신경전달물질의 분리를 조절하고 다양한 신경전달물질의 증가를 유도한다. 이를 테면 운동을 하게 되면 몸이 스트레스, 외부 위협, 신체 활동이 촉진되는 상황에 잘 대처할 수 있도록 카테콜아민, 신경 호르몬 등을 평소보다 더 많이 생산한다.

운동은 신체의 뉴런 회복 및 새로운 뉴런의 생성 과정에도 영향을 미친다. 신경세포 생성, 신경세포 보호 과정은 주로 해마에서 일어나는데, 해마는 학습과 기억에 필수적이며 운동을 하는 동안 매우 활동적이 된다. 이 영역의 뉴런들이 가속할 때 인지 기능은 더 향상된다. 과업의 처리속도와 의사결정능력 등도 운동을 통해 향상되는 것으로 드러났다.

이 모든 과정은 건강한 두뇌를 만들고 활발한 인지 기능을 만드는 데 긍정적 효과를 준다. 자기조절력이 강한 아이가 좋은 관계를 만들고 학습에서도 좋은 성과를 내기 때문에 운동은 아이들의 자존감을 높일 뿐만 아니라 좋은 성적을 얻는 데도 필수인 셈이다.

　행동관리 저널의 최근 연구에 따르면 요가와 명상이 아이들의 스트레스와 불안을 관리하는 데 도움을 준다고 한다. 자전거 타기, 수영, 달리기, 걷기, 댄스 등은 능동적 휴식이라고도 하는데, 운동 자체가 휴식이 될 수 있다.

　아이들뿐만 아니라 어른들도 의지만으로 스트레스를 극복할 수는 없다. 누가 다그쳐서 감정이 누그러질 수 있다면 좋겠지만 이 또한 상처만 가중시킬 뿐이다. 물리적 에너지, 심리적 자원, 창의적 활동, 운동 등 다양한 방법이 우리 주변에 포진되어 있다. 오늘도 아이는 부모가 채워 주기를 바라면서 말은 하지 못하고 온갖 행패만 부릴지 모른다. 아이가 화내는 원인을 찾아 아이의 마음을 읽어 주자.

게으른 것일까,
느린 것일까?

'게으르다'의 사전적 정의는 행동이 느리고 움직이거나 일하기를 싫어하는 성미나 버릇이다. 흔히 의무를 다하지 못하는 사람을 일컬을 때 사용한다. 아이가 유난히 게을러 보이면 부모 입장에서는 걱정이 많아질 수밖에 없다. 그렇다면 아이가 보이는 게으름은 진짜 게으른 것일까, 부모의 성미가 너무 급한 것은 아닐까, 아이의 기질 자체가 느린 것은 아닐까, 게을러 보이지만 사실은 서툰 것은 아닐까 등 여러 모로 살펴볼 필요가 있다.

아이가 진짜 게으른 상태라면 노력과 희생이 따르는 일 자체를 하기 싫어하고, 재미있는 일만 하려고 할 것이다. 게을러지는 데는 성격적,

가족적, 환경적 원인 등이 있다. 아이가 의욕적이고 적극적인 성격이 아닐 경우 부모는 느긋해질 필요가 있다. 기다리지 못하고 게으르다고 아이를 나무라는 것은 낙인과 강화가 되어 아이를 더 그렇게 만들 가능성이 있다. 의욕이 없거나 부족한 경우라면 아이가 어떤 일을 하더라도 결과에 상관없이 격려의 말을 해 주고 격려 자체가 보상이 될 수 있도록 해 주어야 한다.

무엇보다 아이들이 무언가에 소극적이 된다는 것은 일차적으로 그것이 재미없기 때문이다. 전반적으로 아이가 주어진 과제나 경험에 소극적이고 하기 싫어하는 것은 일상이 재미없기 때문이다. 전혀 즐겁지 않고 재미없는 일들로만 가득한 일상이라면 어른이든 아이든 똑같이 무기력해질 수밖에 없다.

일상의 모든 일을 재미로 가득 채울 수는 없지만 재미있는 게 하나도 없이 산다는 것 자체가 존재함을 무의미하게 만든다. 아이가 재미없다고 하는 말은 그저 하는 투정이 아니다. 이는 인간의 가장 원시적인 감정 표현이다. 인간이 가진 유희 본능을 되찾고 싶은 욕망의 표현 자체이다. 그러므로 아이에게 의욕적으로 할 수 있는 재미와 흥밋거리 하나는 반드시 만들어 주어야 한다.

지루하다는 느낌이 들거나 지나친 자극을 받으면 스트레스 호르몬인 코르티솔 수치가 올라간다. 재미없고 지루한 감정은 혈중의 코르티솔 농도가 짙을 때 생기는 불쾌한 생리적 감정과 연관되어 있다. 하지만 지나치게 자극을 줄 필요는 없다. 오히려 지나친 자극은 지루함을 유발한다는 연구 결과가 있으며, 아이들의 아드레날린을 솟구치게 하는 것은 물론 그만큼 아이들의 에너지를 빼앗아 또다시 코르티솔 수치를 높이는 결과를 초래하는 악순환을 반복하게 한다.

그러므로 아이가 재미없다, 지루하다고 표현하면 자꾸 자극을 더 주려고 애쓰는 대신, 일단은 차분하게 하여 스트레스를 줄여 주어야 한다. 컴퓨터 게임과 오락과 같은 자극을 통한 재미 말고 의욕적으로 할 수 있는 활동, 취미 등을 개발해 주는 것이 에너지를 채워 줄 뿐만 아니라 지루함도 해결할 수 있다.

부모의 양육 태도가 지나치게 과보호적인 것은 아닌지도 살펴봐야 한다. 게으른 행동은 과잉양육의 산물이기도 하기 때문이다. 과보호, 과잉육아는 아이들이 혼자서는 아무것도 할 수 없다는 것을 전제하는 것과도 같다. 부모가 모든 것을 알아서 해 주기에 아이에게는 의무도 없지만 선택에 대한 자유와 의지도 없다. 이는 아이의 자존감을 떨어뜨리는 일이다.

아이도 필요를 느껴야 스스로 무언가를 얻기 위해 노력하게 되는데, 필요하기도 전에 필요가 채워지고, 원하기도 전에 원하는 것이 주어지는 것은 아이를 지루하게 만들 뿐만 아니라 의욕도 저하시킨다. 기본적인 복지를 넘어선 과잉복지가 주어지면 아이는 삶을 따분하게 생각하고 게을러질 수밖에 없다.

이를 일각에서는 '부자병' 혹은 '부자아이증후군'으로 부르기도 한다.

요즘은 이러한 아이의 모습이 꼭 돈이 많은 가정에서만 나타나는 것이 아니라 중산층의 자녀들에게서도 자주 보인다. 맡은 책임을 다 하기 위해 부모는 늘 바쁘고, 바쁘기 때문에 정서적인 돌봄 대신 물질적 보상을 하며, 부모들의 필요는 희생하지만 아이에게는 부족한 것 없이 모든 것을 다 해 준다.

부자아이증후군의 아이는 자신의 방에 없는 것 없이 모든 것이 다 차 있는데도 가장 먼저 지루해하고 동기부여가 결여된 모습을 보인다. 부모가 알아서 다 해 주기 때문에 게을러지는 것은 어찌 보면 당연한 결과이다.

과잉보호와 애정은 비례하지 않으며, 때로는 전혀 상반되는 양육 태도이기도 하다. 과잉보호를 하지만 친밀한 포옹은 하지 않는다거나, 자녀가 하는 모든 일에 관여하지만 안전한 피난처를 제공하지는 않는 것 등이 그 예이다. 과잉보호는 하지만 사랑이 없는 것은 정서적 억압의 또 다른 형태이다. 아이를 해치지도 않지만 아이를 돕지도 않는 것과 같은 것이다. 메리 워싱턴 대학교의 심리학자 홀리 슈리핀(Holly Schriffin)과 그 동료들은 헬리콥터 양육이 자녀의 불안과 우울증에 영향을 미친다는 것을 발견했다.

좌절감도 학습의 하나이다. 적당한 좌절감을 통해 아이는 넘어졌을 때 다시 일어설 수 있는 방법을 터득함으로써 회복탄력성을 기르고 감정적, 심리적으로 발달할 수 있다. 원하는 것을 얻기 위해서는 노력해야 하고, 노력을 통해 성취감도 맛보며 자신감과 유능감도 가질 수 있다.

부모의 과잉육아가 아이의 사기를 떨어뜨리고 게으름이 아이에게 뿌리내려 그 자체가 성격이 되지 않도록 적정과 과잉 사이를 잘 조율해야 한다. 또 도전과 실패를 경험하게 하는 것도 아이를 사랑하는 하나의 방법일 수 있음을 자각해야 한다. 모든 것을 다 해 주지 않아도 충분히 좋은 부모임을 깨닫고 오늘부터 너무 잘해 주려는 부담감을 살짝 내려놓기 바란다.

아이의 지루함 여부와 부모의 양육 태도를 살펴봤는데도 별 문제가 없었다면 아이의 기질 자체가 느린 것은 아닌지 고려해 볼 필요가 있다. 흔히 느린 사람을 게으르다고 오해하는 경우가 있는데, 내가 혹시 느린 아이의 기질을 외면하고 있지는 않은지, 자신만의 속도대로 하고 있는 아이를 빠르지 않다고 다그치는 것은 아닌지, 그래서 아이가 느린 자기 모습에 자책하게 만들지 않았는지를 되돌아봐야 한다.

토마스와 체스(Thomas & Chess)는 기질을 순한 아이, 까다로운 아이, 느린 아이로 구분하고, 나머지를 복합형으로 나누었다. 만약 우리 아이가 느린 아이에 속해서 무언가를 하기로 마음먹기까지, 또 그것을 실행하기까지 오랜 시간이 걸린다면 아이와 협의해서 시간을 정한 후 숙제든 다른 일을 할 수 있도록 마감기한을 정해 주어야 한다.

만일 주양육자가 급진파 혹은 행동파여서 느린 아이의 모습을 볼 때 울화가 치밀어 오른다면 아이의 기질과 잘 맞는 다른 양육자가 아이와 소통하는 것이 좋다. 아이도 상처받고 엄마도 화나고 모두가 만신

창이가 될 수 있으므로 엄마의 기질이 아이와 맞지 않는다면 아빠나 학교 교사의 힘을 빌려야 한다.

느린 아이가 너무나 게을러 보여서 그러한 모습을 뜯어고치고야 말겠다고 결심했다면 아이의 입장에서는 자신의 기질을 거슬러야 하는 일이므로 심리적으로 위축되고 스트레스가 될 수밖에 없다. 정말 게으른 것이 아니라 그냥 느린 것일 뿐이라면 속도에 대한 훈련은 어찌 보면 간단한 것일 수도 있다. 훈련이 되기까지 엄마의 인내심만 있다면⋯. 느린 것을 느긋함으로 해석할 여유만 있다면⋯.

함께 놀아 주면 스마트폰에
중독되지 않는다

모든 정보에 접근 가능하다는 것은 인류를 진보하게 만들기도 했고, 열등하게 만들기도 했다. 정보를 손에 넣는 것은 쉬워졌지만 정보를 평가하고 종합하는 능력은 떨어졌다. 사회는 기술적으로 풍요로워졌지만, 개인은 정신적으로 더 악화되었다. 또한 이전의 '정보불균형' 문제가 지금은 '정보해석불균형' 문제로 전환되었다.

사람들은 접하는 정보를 읽을 수 있고 발견한 정보를 그대로 말할 수 있다고 해서 자신이 수집한 정보를 실제로도 알고 있다고 생각한다. 안다는 것의 진짜 의미는 수동적으로 얻은 정보를 단순히 보유하는 것이 아니라 끊임없이 쏟아지는 정보 가운데 자신에게 불필요한 정보를 걸러 내는 능력은 물론 서로 상충되는 정보 간의 오류를 발견하고, 불확실하고 위험한 정보 속에서 진실된 정보를 알아봄으로써 정보 자체를 평가하는 능력에 있다.

많은 연구에서 스마트폰이 인간의 인지능력을 감소시킨다고 주장하고 있다. 이미 그 자체로 컴퓨터 역할을 하고 있는 스마트폰은 언제 어느 때든 정보를 열람하게 해 주고, 세상과 연결되게 해 주지만, 스마트폰에 완전히 의존한 인간은 그만큼의 인지적 대가를 치르는 것이다. 스마트폰이 항상 옆에 있기 때문에 사람들은 스스로 생각해야 하는 순간을 참지 못하고 스마트폰을 바로 보게 된다. 시간은 절약할 수 있지만 인지적 의존도는 더 높아진다. 스마트폰이 가까이 있으면 있을수록 가용 인지능력은 더 감소하고 인지 자원 자체가 제한돼 버린다.

무엇보다 화면 읽기 자체가 인간의 인지능력을 떨어뜨린다. 1989년에 실시한 한 연구에 따르면 하이퍼텍스트로 이루어진 문서들은 인간을 산만하게 만든다고 한다. 글에 몰입해서 의미에 집중하게 만드는 대신 훑어 읽게 되고, 그에 딸린 링크들을 클릭해서 다른 자료로 이동이 쉽게 되면서 집중력도 그만큼 쉽게 흩어지는 것이다. 이러한 정보 처리 과정을 즐기다 보면 뇌의 신경망이 변하면서 독서를 통해 이룩한 문해력이 파괴된다. 필요한 자료만 스킵해서 읽는 것에 익숙해지면 긴 텍스트 자체를 읽을 인내심이 떨어질 수밖에 없다.

특히 태어날 때부터 스마트폰을 손에 쥔 것처럼 스마트폰과 거의 한 몸을 이루고 있는 '스마트폰 세대'는 육체적, 심리적으로 몇 가지 어려움을 겪는다. 미국 샌디에이고 주립대학교의 한 연구팀은 스마트폰 세대가 불안과 우울증이 높다고 주장하였다. 그 원인은 사회성 부족과 제한된 신체 활동 때문이라고 한다. 동시에 이러한 불안과 우울증의 문제로 스마트폰에 중독되는 경우도 생긴다. 즉 스마트폰을 계속해서 들고 있는 것 자체가 정신 장애의 원인도, 결과도 될 수 있는 것이다. 만약 내 아이가 스마트폰을 손에서 놓는 것에 강한 저항감과 초조함을 보인다면 심리적 문제가 아닌지 전문가의 도움을 받을 필요가 있다.

요즘 아이들은 집에서 거의 모든 것을 스마트폰 하나로 할 수 있다. 스마트폰으로 현실을 이해한다는 것은 아이들의 현실감과 적응력이 떨어진다는 것을 의미한다. 이는 실제 상황에서의 의사결정을 저해하고, 변화에 대한 두려움을 증가시킨다. 친구들과 보내는 시간, 타인과 직접적으로 상호 교류하는 시간이 그만큼 줄어들기 때문에 사교성과 사회성을 완전히 개발할 수도 없다. 직접적인 대화보다 문자가 더 익숙하고 이는 상호간의 커뮤니케이션 능력을 저해한다.

이렇다 보니 사회공포증을 앓는 사람들이 점점 더 늘어나고 있다. 우리나라에서 나타나는 특이한 사회공포증의 양상은 '대인공포증'이다. 사회적 상황 자체를 힘들어하는 것을 넘어 사람 자체에 대해 공포를 가지는 것이다. 인간관계를 맺으면서 다양한 상황과 문제에 부딪치고 그를 실제로 해결해 본 경험이 많아야 관계에도 적응이 되는데, 그것을 경험해 본 적이 별로 없으니 인간관계는 더 어려워지고 끝내는 관계 자체를 회피해 버리는 것이다. 아이들이 화면 안에서 관계를 맺으면 맺을수록 대인공포증을 앓게 될 어른도 점점 더 늘어날 수 있다.

스마트폰은 아이들의 학습력에도 영향을 미친다. 인간 뇌의 기억에는 감각기억, 단기기억, 장기기억이 있다. 그중 장기기억이 줄어들게 되면 상황에 맞게 어떤 정보를 활성화하고 억제해야 하는지에 대한 능력이 떨어지게 된다. 이는 곧 지능을 떨어트리는 결과를 초래하고야 만다.

인간의 뇌가 컴퓨터와 다른 점은 인간의 뇌는 더 이상 기억할 수 없는 지점에 도달하는 법이 없으며, 꽉 찰 수 없다는 점이다. 새로운 장기기억을 저장할 때마다 정신적인 힘을 제한하는 것이 아니라 오히려 강화한다. 그렇기 때문에 기억을 확장할 때마다 지적 능력은 향상된다.

그런데 스마트폰 세대의 아이들은 무언가를 기억하기보다 인터넷과 컴퓨터에 저장된 정보를 언제 어느 때든 꺼내어 보는 환경에 자신의 뇌를 맞추고 있다. 그렇기에 인터넷을 사용하는 뇌의 회로는 더욱더 강력해지고 책을 읽고 기억하는 것은 점점 어려워진다. 시험 문제의 지문을 놓고 해석하는 힘이 모자라게 되고, 급기야 시험 문제를 어떻게 풀어야 하는지 감조차 잡지 못하게 된다.

인간의 뇌는 본래 산만하다. 수많은 천적을 물리쳐야 했기 때문에 한곳에 고정되지 않아야 살아남을 수 있었고, 끊임없이 주위를 둘러보게 만들어졌다. 오랜 문명화 과정을 통해 인간은 드디어 한곳에 집중할 수 있게 되었고, 학습이 가능해졌고, 무언가를 발명하게 되었다.

인간의 뇌는 물렁물렁하기에 주변 상황에 맞추어 자신을 바꾸는 성질, 즉 가소성을 가지고 있다. 그렇기 때문에 좋은 환경을 만들어 아이들의 뇌를 더 좋은 방향으로 바꿀 수 있는 것이다. 인간의 뇌 세포는 사용할수록 더 커지고 발전하며, 사용하지 않으면 줄어들거나 사라져 버린다. 더 많이 사용하는 뇌의 회로는 더 발전하고, 덜 사용하는 회로는 퇴보하게 되어 있다.

뇌를 더 사용하고 발전시키기 위해서는 책을 가까이 하게 하는 방법이 최선이다. 2008년 미국 보스턴 대학교 연구팀은 18~24개월 아이들에게 책을 읽어 주면 학교에서 높은 능력을 보인다는 사실을 밝혀냈다. 책 속 낱말들이 평소 쓰는 말들보다 다양하므로 인지능력 발달에 도움을 준다는 것이다.

2015년 미국의 한 연구에서는 아이들이 부모 무릎에서 이야기를 들으면서 이를 시각화한다는 것이 알려졌다. 주목할 것은 7세 이전에 글자를 배워 스스로 책을 읽은 경험은 별로 큰 효과가 없었다는 것이다. 부모 등 어른과 함께 책을 읽은 경험만이 큰 영향을 끼쳤다. 혼자 읽을 때보다 어른이 읽는 것을 들을 때 아이들은 상상하게 되고 이를 바탕으로 문해력이 키워진다. 이것을 아이가 초등학교 6학년이 될 때까지 계속 이어 나가야 한다고 주장하는 전문가도 있다. 아이가 혼자 책을 읽을 수 있어도 부모와 함께 읽으면서 책이 주는 것 이외의 정보와 배경지식에 대한 대화가 가능하기 때문이다.

단점이 있다고 해서 아이들에게서 스마트폰을 뺏을 수는 없다. 스마트폰으로 친구와 소통하는 것을 막을 수도 없다. 아이들이 사용하는 기기가 어떤 단점을 가지고 있다면 이를 보완해 줌으로써 그들의 경험과 환경을 확장해 주면 된다.

아이들이 스마트폰이나 영상으로 수업을 듣거나 공부를 하는 것은 어쩔 수 없는 환경이다. 그렇다면 아이들이 스스로 공부하거나 예습, 복습할 때의 환경은 변화를 줄 수 있다. 아이들이 주 정보를 찾아볼 때 스크린에서 바로 정보를 확인하게 하는 대신, 찾아서 모은 정보를 저장한 뒤 출력을 하거나 따로 모아서 나중에 보게 하면 집중력을 기르는 데 도움이 된다. 영상을 통해 정보를 확인할 때는 단순히 영상만 보는 것이 아니라 영상의 내용을 요약 정리할 수 있도록 훈련시키는 것이 좋다.

만약 아이가 스마트폰으로 계속해서 게임만 하려고 할 때는 보상 시스템을 제어하는 뇌 자체에 문제가 발생하는 중독 장애일 수 있다. 특히 폭력적인 게임에 지속해서 노출될 경우 탈감각 현상이 일어날 수 있고, 이는 감정과 주의력 및 집중력을 조절하는 뇌 영역에도 영향을 미친다. 게임을 무조건 하지 못하게 하는 것보다 타협하여 시간과 규칙을 정하고 이러한 규칙을 지속적으로 아이에게 상기시켜야 한다. 시간을 통제하는 방법이 통하지 않는다면 심리 치료가 필요하다.

스마트폰을 사용할 수밖에 없다면 합리적인 시간 안에 책임감 있게 사용하는 습관을 기르도록 도와주어야 한다. 그러기 위해서는 부모 또한 가정 내에서 스마트폰을 사용하는 시간을 줄임으로써 모범이 되어야 한다. 함께 독서하고 놀이하고 활동하는 시간을 가져야 한다. 아이들이 스마트폰에 중독되는 가장 큰 이유는 가정에서 서로 교류할 사람이 없기 때문이다. 같이 놀고 같이 대화할 사람이 있다면 굳이 아이가 삭막한 세계 속에서 혼자 놀지 않을 것이다.

몸이 아픈 것으로
감정적 아픔을 해소한다

    초등학교 입학을 앞두고서 갑자기 아픈 아이들이 있다. 초등학교라는 새로운 세계에 들어서는 것이 스트레스로 작용해 토하는 아이도 많고, 1학년 등교 첫날부터 아파서 양호실 신세를 지는 아이도 종종 볼 수 있다. 어른이든 아이든 정신적 스트레스가 갑자기 주어지면 소화불량, 두통에 시달리고 구토나 설사를 하기도 한다. 그런데 이것이 어쩌다 발생하는 일이 아니라 자주 있다면 좀 더 세심한 관찰이 필요하다.

    시험 기간만 되면 아픈 것이 고민인 아이와 상담한 적이 있다. 아이는 시험을 앞두고 자주 아파서 늘 시험을 망치고 때로는 시험을 보지 못하기도 했다. 부모는 아이에게 시험이 과도한 스트레스로 작동한다는 것을 인지하고 있지만, 때로는 꾀병이 아닐까 싶은 생각마저 든다고 하였다. 정말 꾀병일 수도 있고, 아닐 수도 있다. 꾀병인지 아닌지 정확하게 알기 위해서는 전문적인 검사와 상담, 종합적인 해석이 필요하다. 꾀병이 아니라는 전제 하에 아이가 겪을 수 있는 심리적 어려움을 몇 가지 시각에서 소개하겠다.

가장 먼저 부모가 관찰하고 확인해야 할 사항은 아이가 자신의 감정을 잘 표현하는가 아닌가이다. 감정 표현을 제대로 하지 못하는 사람들이 흔히 겪는 문제가 '감정표현불능증'이다. 감정표현불능증은 말 그대로 감정을 언어로 표현하지 못하는 것을 뜻한다. 감정 상태를 표현하는 어휘력이 부족하고 자신의 감정을 밖으로 드러내지 못할 뿐만 아니라 자신의 감정 상태를 정확하게 표현하지도 못한다.

이러한 사람들은 감정 상태에 따라 나타나는 신체 변화를 신체적 질병으로 오해석하여 신체화 증상으로 발전시키게 된다. 아이들이 보이는 신체적 문제도 감정표현불능증에 근거해서 아이들 내부에서 일어나는 심리적 갈등을 짐작해 볼 수 있다. 아이들은 정확한 언어로 자신의 감정 상태를 표현하는 능력이 떨어지기 때문에 자신의 심리적 고통을 몸으로 다른 사람에게 알린다. 그러다가 아이가 점점 성장하면서 신체적 반응은 줄고 언어적 표현은 늘어나게 된다. 그런데 성장하면서도 계속해서 이러한 증상을 보이고 있다면 일종의 퇴행 현상으로 볼 수도 있다.

행동주의 심리학에서는 신체적 증상이 환경에 의해 강화된 것으로 보기도 한다. 아이가 몸이 아플 때마다 부모는 따듯하게 돌봐 주고 공부도 면제해 줬을 것이며, 시험을 못 봐도 실력 때문이 아니라 몸이 아팠기 때문이라고 이해하며 위로도 해 주었을 것이다. 의무와 면제에 이어 엄마가 걱정해 주고 시험을 못 봐도 괜찮다고 말해 주면서 관심과 애정을 주었기에, 이것이 아이에게는 신체적 증상에 대한 부적 강화가 되었을 수 있다. 물론 아이들은 이를 의식적으로 자각하지 못한다. 하지만 외부적 강화 요인은 아이의 신체화 증상을 지속시킨다.

이를 정신분석에서는 이차적 이득이라고 한다. 무의식적 갈등과 불안을 회피함으로써 심리적 고통을 완화하는 것이 일차적 이득이고, 이에 따르는 부수적인 이득이 이차적 이득이다. 불쾌한 감정을 느끼는 대신 몸이 대신 아픔으로써 불쾌감을 회피할 수 있고, 다른 사람에게 현재 자신의 고통과 아픔을 전달할 수 있으며, 다른 사람의 마음을 움직여 자신이 원하는 바를 얻을 수도 있다. 이처럼 여러 가지 강화 요인을 통해 유사한 상황이 되면 아픈 아이들은 자꾸만 더 아프다.

아이들이 몸으로 아픈 것을 통해 감정적 아픔을 무의식적으로 해소하는 것은 부모의 영향이 크다. 부모 스스로 자신의 감정을 자각하고 처리하는 능력이 부족한 경우에 아이들은 영향을 받을 수밖에 없다. 감정을 느끼고 표현하는 것을 잘하지 못하거나, 특정의 감정은 나쁜 것 혹은 부정적인 것으로 인식하여 억제하고 억압할수록 아동은 용인된 아픔, 즉 육체적으로 대신 아프게 될 뿐만 아니라 감정표현불능증의 어른이 되기 쉽다. 가족 중에 신체화 증상을 똑같이 겪고 있거나 만성적 질병이 있을 때도 아이에게 이러한 현상이 강화된다. 무엇보다 가정 내에 역기능적인 측면이 많으면 많을수록, 즉 부모 간의 불화와 싸움, 알코올을 비롯한 기타 중독의 문제, 학대와 폭력 등 스트레스 요인이 많으면 많을수록 불쾌한 감정은 신체적 아픔으로 표출될 수 있다.

부모가 갖고 있는 질병에 대한 인식과 아이가 아플 때 대하는 방식도 아이의 신체화 경향을 촉발하기도 한다. 아이의 사소한 질병에도 부모가 지나치게 반응하고 지나친 염려와 관심을 보이고 아이의 학업을 면제시켜 주는 등의 과도한 이차적 이득을 제공하게 되면, 아동은 도전하고 노력하는 대신 육체적 아픔을 통해 이를 해결할 수도 있다. 도전하고 실패하고 다시 도전하고 좌절하는 것보다 아프고 마는 것은 너무나 손쉽고 간단하니까….

아픈 아이를 보며 모른 척할 수도, 그렇다고 중요한 일이 있을 때마다 습관적으로 아픈 아이를 그대로 둘 수도 없다. 시험 때만 되면 아픈 아이는 마음속에 불안, 우울, 분노, 죄책감, 적개심 등을 가지고 있을 가능성이 크다. 따라서 아이가 불편한 감정을 가지고 있다는 것을 인정하게 하고, 표현할 수 있도록 자꾸 격려해 줌으로써 감정이 쌓이지 않도록 해 줘야 한다.

무엇보다 아이가 자신의 감정을 솔직하게 표현하는 허용적 분위기를 만들어 주는 것이 중요하다. 허용적인 분위기는 아이에게만 감정을 말하라고 하는 것이 아니다. 누군가와 감정을 자유롭게 나누는 것을 의미한다. 나눈다는 것은 혼자 할 수 있는 것이 아니며 상호 작용을 전제로 하는 것이기에 부모도 아이에게 자신의 감정을 잘 표현하는 모습을 보여 줘야 한다. 나쁜 감정은 없다는 것을 몸소 알려 줘야 한다. 불편한 감정을 있는 그대로 표현해도 비난받지 않으며 아무 일도 일어나지 않는다는 것을 아이가 확인하고 안심하는 것이 가장 의미 있는 감정적 경험이다.

또한 몸이 아픈 것에 아이가 과하게 주의를 기울이고 집중하지 않도록 적당히 주위를 환기해 줄 필요가 있다. 부모가 아이보다 더 걱정하는 모습을 보이는 대신 지금 왜 아픈지에 대해 정확하게 설명해 주면서 일관성 있게 아이를 안심시켜야 한다.

한국 사회는 신체가 아픈 사람에게는 쉽게 감정이입을 하고 안타까워하면서도 마음이나 정신이 아픈 사람에게는 쉽게 비난하고 비정상적인 사람으로 여긴다. 그러다 보니 우리의 무의식은 남에게 받아들여질 만한 방법으로 아픈 방법을 선택하는 것일지도 모른다. 어디가 아픈지도 모른 채 자꾸 현상만 보니 해결 방법은 영원히 미궁으로 남게 되고야 마는 것이다.

시험 때면 알던 것도
틀리는 아이에게 부족한 것

시험을 치를 때 자신이 가진 실력을 다 쏟아 붓는 아이가 있는가 하면, 시험만 쳤다 하면 평소에 알던 것도 죄다 틀리는 아이가 있다. 그냥 긴장을 심하게 해서, 그냥 실수를 해서라고 넘길 수만은 없는 문제이다. 시험 한 번으로 대학이 달라지기도 하고, 인생의 길이 달라지기도 하니까…. 이왕이면 제 실력을 제대로 발휘하면서 사는 것이 자기효능감을 높이는 데도 도움이 된다.

김연아 선수는 피겨를 할 때 점프 실수를 해도 다음 점프에 별로 영향을 받지 않았다. 웬만한 선수들은 점프에서 넘어지면 다음 점프를 할 때 심리적 압박을 많이 받는다. 다음 점프를 시도조차 하지 못하는 선수들도 있다. 김연아 선수의 라이벌이었던 아사다 마오 선수도 점프를 실패하고 나면 이후 크게 흔들리는 모습을 자주 보이곤 했다. 전문가들은 그 까닭을 김연아 선수가 가진 정서지능에서 찾았다.

정서지능은 1990년 미국 예일 대학교 심리학 교수인 피터 살로베이(Peter Salovey)와 뉴햄프셔 대학교 존 메이어(John Mayer) 교수에 의해 처음으로 정의되었다. 한마디로 정서지능이란 정서가 주는 정보를 처리하는 능력, 생각하고 행동하는 데 이러한 정보를 이용할 줄 아는 능력을 말한다. 이러한 능력을 이용하여 자신의 에너지를 긍정적인 방향으로 흘려보낼 수 있다.

1995년 다니엘 골먼(Daniel Goleman)이라는 심리학자는 정서지능에 동기의 개념을 포함하고, 좌절 상황에서도 개인을 동기화하고 희망을 버리지 않는 능력, 자신을 지키고 타인을 공감하는 능력이라고 정의하였다. 즉 정서지능은 인지지능을 넘어서는 영역의 지능이라 할 수 있다. 골먼은 성공의 80%를 이 정서지능이 좌우한다고 했다.

정서지능은 뇌를 유연하게 만들어 주며 스스로를 자각할 수 있도록 해 준다. 한마디로 말해 자신의 가치와 본질에 대한 인식이다. 자기 자각에 기초하여 스스로에게 동기를 부여하고, 두려움에 직면하여 두려움을 관리할 수 있게 되며, 좌절되는 상황에서도 다시 일어설 수 있다. 가치와 본질을 분명히 알고 사는 사람들만이 보여 줄 수 있는 대범함과 용감함일 것이다. 정서지능이 높은 사람은 타인에 대한 공감능력이 뛰어나다. 그러다 보니 타인과 나를 연결하는 능력과 의사소통 능력도 좋다. 정서지능이 높은 사람이 사회성도 좋을 가능성이 크다.

똑똑하고 훌륭한 두뇌를 가졌다고 해도 두려움을 관리하는 능력이 떨어져 스트레스에 대한 저항이 심하고 스스로에게 동기부여를 할 수 없다면, 조그마한 실수에도 쉽게 무너지게 된다. 시험 때만 되면 제 실력을 발휘하기는커녕 알던 문제도 틀리는 아이는 인지능력은 뛰어날 수 있어도 정서지능은 낮을 수 있다. 인지지능과 정서지능은 서로 떼려야 뗄 수 없는 관계에 있으며, 정서지능은 인지지능을 이끌어 가는 기수와 같다. 이는 신경학자 안토니오 다마시오(Antonio Damasio)가 자신의 환자에게서 발견한 내용이다.

다마시오는 엘리엇이라는 환자의 뇌종양 수술을 하면서 감정적 정보를 다루는 뇌의 상당 부분(복내층 전전두피질)을 함께 제거해야만 했다. 그런데 수술 후에 엘리엇은 지능은 여전히 좋았지만 감정을 잃어버려 어떠한 결정도 내릴 수 없게 되고 말았다. 결정을 내려야 할 때 수많은 이성적인 대응책을 생각할 수 있었지만 좋은지 나쁜지를 몰라서 아무것도 선택할 수 없게 된 것이다. 이를 통해 다마시오는 이성적 판단을 할 때 감정이 얼마나 중요한 역할을 하는지를 알게 되었고, 사실은 감정이 이성을 조종하고 있다는 결론을 내렸다.

그렇다면 평소에 똑똑한 내 아이가 어떻게 하면 불안한 심리를 잘 이겨 내고 시험에서 제 실력을 유감없이 발휘하게 할 수 있을까? 정서지능은 자기 자신에 대한 이해에서 출발한다. 자기가 어떤 사람인지, 무엇을 좋아하는지, 어떤 공부와 일을 하고 싶은지, 스스로 목표를 세울 수 있는지, 자기 자신에 대해 고찰할 수 있어야 한다. 하교 후 혹은 잠자리에 누웠을 때 오늘은 어떤 즐겁고 기쁜 일이 있었는지, 그때의 느낌은 어땠는지, 혹시나 맞닥뜨린 문제는 없었는지, 있었다면 어떻게 해결할 수 있는지 등 자기 자신을 이해할 수 있는 이야기들을 함께 나누면 좋다. 가끔 사람은 혼자서 생각할 때보다 남과 나에 대해 이야기를 나눌 때 자기 자신을 더 잘 정리하기도 한다.

감정에 대한 어휘력을 늘릴 수 있도록 격려하는 것도 좋은 방법이다. 감정 카드나 감정을 다룬 도서를 통해서 감정을 표현하는 단어들에는 어떤 것들이 있는지 같이 알아보고, 감정을 단순히 '짜증 나', '슬퍼' 등 하나의 단어로만 표현하는 것이 아니라 서술해서 표현할 수 있도록 가르쳐 주는 것이 좋다. 예를 들면, "나는 동생과 비교당해서 슬펐지만 동시에 화도 났고, 동생 보기에 민망하고 부끄럽기도 했어." 이런 식으로 상세하고 구체화해서 자신의 감정을 표현하는 것이다. 이처럼 자신의 감정을 민감하게 알아차리게 되면 감정을 더 잘 조율할 수 있게 된다. 이 과정에서 부모가 공감과 존중을 보여 주는 것은 필수이다.

오늘날 많은 사람이 정서지능에 주목하고 정서지능의 중요성에 대해 역설하고 있다. 정서지능에 대한 관심이 점점 더 증가하는 것은 정서지능의 순기능에 주목했기 때문인 동시에 현대인의 정서지능이 황

폐화될 위기에 처했다는 것을 자각했기 때문이기도 하다.

　다행인 것은 정서지능의 70% 이상이 후천적으로 발달한다는 사실이다. 정서지능은 아이가 자신의 속마음과 본모습을 보여 줘도 괜찮다고 생각하는 사람만이 가르쳐 줄 수 있다. 우리 아이들은 얼마든지 정서지능을 발달시킬 잠재력을 갖고 있으며, 가장 안전하고 신뢰할 수 있는 존재인 부모가 이를 발달시킬 수 있다. 똑똑하면서도 인간미 넘치는 아이들이 아름다운 미래사회를 이어갈 수 있기를, 그런 세상에서 아이들 모두가 행복하기를 빌어 본다.

집중하지 못하는 것은
재미가 없기 때문이다

한곳에 가만히 있지 못하고 이 친구가 무엇을 하는지, 저 친구는 또 무엇을 하는지 교실 곳곳을 돌아다니며 참견하고 기웃거리는 아이를 보면 혹시 아이가 ADHD(주의력 결핍 과잉행동 장애)는 아닐까, 저러다 공부를 할 수는 있는 걸까 걱정이 된다. 특히 초등학교 저학년 교실에서 이런 아이들을 심심치 않게 볼 수 있다.

ADHD는 유전적, 환경적 요인에 의해 발생하는 것으로 뇌의 전두엽에서 기저핵을 거쳐 소뇌로 이어지는 회로에 이상이 생기고 신경전달물질인 도파민이 결핍되어 발생하는 것으로 이해되고 있다. 이에 대한 진단은 전문가만이 할 수 있으니 산만하다고 해서 ADHD라고 낙인찍어서는 안 된다. 아이들은 누구나 산만할 수 있음을 염두에 두어야 한다. 어쩌면 어른이 아이를 향해 산만하다고 하는 것은 아이의 특성을 제대로 이해하지 못하는 어른의 입장일 뿐일 수도 있다.

호기심이 많은 저학년 아이들도 학년이 올라가면 규칙에 익숙해지고 스스로 조율할 힘이 생기면서 산만한 태도가 자연스럽게 감소한다. 그런데 지나치게 학습 자체에 집중하지 못하고 어려움을 겪는다면 아이를 나무라는 대신 주의집중해서 관찰하고 살펴보아야 한다. 아이는 왜 집중하지 못하는지 스스로 파악하는 것이 안 되기 때문에 어른이 반드시 도와주어야 한다.

우선 산만한 것이 나쁘다는 인식 자체를 버려야 한다. 피카소, 모네, 찰스 다윈, 아인슈타인 등 위대한 예술가, 과학자들 중에는 무척 산만했던 사람이 많았으므로 산만함과 창의성 간의 상관관계를 유추해 볼 수 있다. 하버드 대학교의 한 연구에서도 산만한 뇌, 즉 머릿속에서 한 가지 이상의 생각을 하는 것이 어떤 현상을 더 빠르고 쉽게 이해하도록 만든다고 했다.

우리가 아이를 돕는 것은 이러한 산만함을 수정하는 것이 아니라 해야 할 일에 좀 더 집중할 수 있는 힘을 길러 주는 것이라는 것을 이해해야 한다. 빼는 것과 더하는 것의 차이라 할 수 있다.

심각하게 집중력이 떨어지는 아이에게 발생할 수 있는 심리적 문제를 유추해 보자면 바로 불안을 들 수 있다. 아이가 불안감과 긴장감이 높은 심리 상태라면 아이는 집중력이 쉽게 떨어진다. 불안감이나 긴장감이 아이의 집중력을 방해한다는 것은 이미 오래전에 밝혀진 사실이다. 불안하고 긴장한 상태에서는 에너지 소모가 심해지고, 그러다 보니 집중력에 필요한 에너지가 부족해질 수밖에 없다.

무언가에 집중한다는 것은 정신뿐만 아니라 육체적 에너지도 함께 쓰는 행위이다. 집중할 때 가만히 살펴보면 몸도 함께 집중한다는 것을 알 수 있다. 문제를 열심히 푸는 아이들은 몸도 긴장한 상태이다. 즉 집중하는 행위 자체가 근육을 함께 쓰면서 온몸이 움직이는 과정이다.

그런데 불안감과 긴장감을 이겨 내느라 힘을 다 쓴 아이들은 온몸을 써야 하는 학습 과정에서 빨리 지치게 된다. 더군다나 문제를 푸는 과정 자체가 불안을 만들어 내는 또 하나의 과정이므로 불안에 불안을 더해야 하는 아이들에게는 곤욕스럽기 그지없는 시간이다. 산만해지는 것은 우리의 뇌가 우리에게 쉬라고, 하기 싫은 일은 그만 하라고 보내는 신호와도 같다. 아이들을 보호하려는 뇌가 아이들에게 메시지를 보내는 것이다.

불안감과 에너지 저하로 집중력이 떨어지는 아이들에게는 너무 방대한 자료와 숙제를 요구하지 말고, 인지적 발달 수준에 적합한 인지적 요구를 해야 한다. 인지적 스트레스를 갖고 있는 아이에게는 한꺼번에 과제를 주거나 아이가 흥미 없어 하는 주제의 정보를 주는 것은 금물이다. 문제의 패턴을 이해하지 못한 아이에게 실전 문제를 풀게 하거나 에너지가 없는 아이에게 동기부여를 하려고 애쓰는 것은 부모도 지치고 아이도 지치게 만든다.

불안감의 기저에 어떤 심리적 문제가 있는지 알아보고, 불안감을 유발하는 원인을 밝혀내어 제거하는 것이 근본적인 집중력 저하의 해결방법이다. 동시에 인지적, 육체적 스트레스를 해결해 주어야 한다. 그래야 아이가 다른 문제에 에너지를 쓰지 않고 공부를 비롯하여 자신의 능력을 계발할 수 있는 건설적인 일에 에너지를 쓸 수 있다.

이러한 불안한 심리로 인해 발생하는 집중력 저하의 문제가 아니라 단순히 하고 있는 활동과 학습이 지루하거나 재미가 없어서 산만해지는 것이라면 '배트맨 효과'를 적용해 볼 수도 있다. 미네소타 대학교의 스테파니 칼슨(Stephanie Carlson) 교수는 아이가 지루한 일을 하는 동안에 자기가 좋아하는 슈퍼히어로나 소설 속의 인물처럼 행동하게 하면 집중력을 높일 수 있다는 연구 결과를 발표했다.

칼슨 교수와 연구팀은 4~6세 어린이 180명을 세 그룹으로 나누어 실험을 진행했다. 아이들은 실험 동안 지루한 일을 배정받았다. 실험이 진행되는 동안 첫 번째 그룹의 아이들에게 "내가 열심히 일하고 있을까?"라고 질문을 던졌다. 두 번째 그룹의 아이들에게는 제3자가 아이를 지목하며 "(아이의 이름)가 열심히 일하고 있어?"라는 질문을 했다. 세 번째 그룹의 아이들에게는 작업하는 동안 배트맨이나 라푼젤 같은 가상의 캐릭터인 척할 것을 요청하고서 일하는 도중에 반복적으로

"배트맨(또는 라푼젤)이 열심히 일하고 있어?"라는 질문을 던졌다. 세 번째 그룹의 아이들은 캐릭터의 의상까지 입을 수 있게 했다. 결과는 세 번째 그룹의 아이들이 가장 오랜 시간 집중하여 작업을 진행했다.

칼슨 교수는 아이들이 좋아하는 캐릭터로 취급받으면 두뇌의 보상 체계를 자극받게 되어 스트레스와 불안이 감소한다는 것을 밝혔다. 또한 아이들이 이런 식으로 계속 자라 청소년이 되면 뛰어난 사회적 능력과 우수한 학업 성적을 보일 것이라고 덧붙였다.

이는 우리가 아이들의 흥미를 불러일으키도록 적용해 볼 하나의 방법이자 응원의 기술 중 하나이지만 본질은 아니다. 본질은 아이 스스로 자신의 일을 해 낼 힘과 의지가 있어야 하며, 때로는 힘과 의지가 무언가로 인해 방해받을 수 있다는 것이다. 어른들도 때로는 그러한 것처럼…. 따라서 아이들의 산만함, 집중하지 못하는 태도는 '그럴 수 있다.', '좋아졌다가도 또 그럴 수 있다.'라는 인식의 토대 위에서 서두르지 않으면서 도와주어야 한다.

친구 사귀는 것이 어려운 아이는
안전감이 우선되어야 한다

아이들에게 우정이란 어린 시절을 풍요하고 아름답게 기억하게 만드는 자산이라고 해도 과언이 아니다. 우정을 잘 맺은 아이들이 건강한 어린 시절을 보내고 건강한 어른의 삶도 살 가능성이 높다. 많은 연구에서 사회 지지 자원, 즉 사회적 유대가 커질수록 신체 건강과 정신 건강이 좋아진다는 사실을 보여 주었다.

사회적 지지를 받게 되면 혈압 및 심박수, 스트레스 호르몬인 코르티솔의 수치가 낮아진다. 또한 면역계의 기능이 향상되며, 심지어 감기에도 잘 걸리지 않는다고 한다.

굳이 이러한 연구 결과에 대해서 모르더라도 우리는 우정이 좋은 영향을 준다는 것을 이미 알고 있다. 좋은 인간관계가 우리에게 미치는 심리적 위안과 안전감에 대해서 본능적으로 알고 있기에 단짝 친구를 만들고 싶어 하고, 친밀한 상호 관계를 원한다. 좋은 것을 알고는 있지만 좋은 것을 끝까지 유지하는 방법을 모르거나 지키는 것 자체가 힘들 뿐이다.

부모라면 다들 내 아이가 많은 친구로부터 사랑받기를 원하며 좋은 인간관계를 맺기 원할 것이다. 특히 내성적인 아이를 둔 부모라면 아이가 사교적이지 못할까 봐, 사회성을 제대로 기르지 못할까 봐 걱정하곤 한다.

흔히 내성적인 아이가 관계를 잘 맺지 못할 거라고 생각하지만 내향형과 외향형의 차이가 관계에 직접적인 영향을 미친다는 것을 입증할 근거는 사실 부족하다. 오히려 다수의 연구에 따르면 내향적인 사람들도 외향적인 사람들 못지않게, 때로는 외향적인 사람들보다 더 많이 사회 활동에서 큰 즐거움을 느낀다고 한다. 즉 사회 활동에서 느끼는 즐거움의 크기는 성격과 별로 상관이 없다는 것이다.

유독 친구들과 유대 관계를 맺기 어려워하는 아이들 중에는 태어날 때부터 이미 생물학적인 문제로 인해 관계를 힘들어하고 변연계가 쉽게 각성이 되는 아이도 있고, 다른 사람의 고통을 견디지 못하거나 괴로울 정도로 다른 사람에게 약한 감정을 느끼는 아이도 있다. 부모가 쉽게 화를 내거나 소리 지르는 환경에 일찍 노출된 아이도 있다.

이런 상태에서 아이들은 만성적인 과각성을 겪으며 투쟁-도피의 반응을 보인다. 또한 자기 자신의 욕구와 충동이 크기 때문에 상대적으로 사회적인 지각이 약해지고, 남들과 소통하는 것은 물론 공감하거나 연민하거나 무언가를 공유하는 것도 불가능해진다. 관계는 타인과 에너지를 주고받는 과정이며 때로는 나보다 남의 욕구에 더 민감해져야 할 때도 많다. 그런데 에너지가 부족하고 스스로의 욕구를 조율하지 못하는 아이에게 사회적 관계란 스트레스 요인이 되어 버리는 것이다.

인간은 달아나려는 본능이 강해지면 동물적인 감각이 깨어나 사회적 뇌의 시스템이 제대로 작동하지 않는다. 당연히 공감을 느끼는 시스템도 차단된다. 생존형 뇌의 시스템 상태에 있다는 것은 자율신경계에 과부하가 걸렸다는 것을 뜻한다. 이는 지나친 스트레스로 인해 변연계의 부정적인 충동을 자극했기 때문이다. 어떤 아이에게는 다가가는 행동이 친밀함의 표현일 수 있지만, 투쟁-도피의 동물적 시스템이 작동하는 아이에게는 누가 다가오는 행위는 위협이 된다. 그러니 친구들과 함께 있어도 자신만의 은신처를 찾거나 고립 상태를 자처하는 것이다.

왜 아이에게 관계 자체가 스트레스로 작용하게 되었는지, 아이가 사회성을 길러야 하는 나이가 되었는데도 사회적 기술을 기르지 못하는 이유는 무엇인지, 왜 자꾸만 도망가려고 하고 한쪽 구석에 머물러만 있는지 알아주어야 한다. 사람은 안전한 곳에서는 전전긍긍하지 않는다. 자신이 있는 곳이, 자기가 만나는 사람과 세상이 불안전하다고 느끼기 때문에 안절부절못하는 것이다.

그러므로 친구들과 친하게 지내지 못하는 아이의 상태와 태도를 어떻게 하면 수정할 수 있을까를 고민하기보다, 아이가 왜 지금 생존하는 데 모든 힘을 쏟아 붓고 있을까를 고민해야 한다. 불안전한 환경이 문제라면 환경을 고쳐 주어야 하고, 관계에 대한 불신이 문제라면 신뢰할 수 있는 경험을 제공해 주고, 과각성 상태라면 각성을 낮추기 위해 노력해야 한다. 태어날 때부터 예민하고 민감한 아이라면 예민함을 고치기보다 이해하고 공감해 주어야 한다. 공감과 이해, 신뢰와 안전감을 가정에서 얻어야 밖에서 타인과 교류할 힘이 생긴다.

아이들은 태어나 부모와 처음으로 유대 관계를 맺고 부모와 감정을 교감한다. 그런데 가장 친밀한 사람들이 제대로 공감해 주지 않거나 비난한다면 아이들의 공감능력은 길러지지 않는다. 특히 타인에 대해 위협을 쉽게 느끼고 예민해서 낯선 사람이 옆에만 와도 우는 아이들에게 부모가 화를 내 버리면 아이들은 이를 위협으로 인식하고 그 감정을 그대로 답습한다. 나와 관계없는 타인은 우리의 감정이나 감각에 끼어들 기회가 없다. 멀리 있는 사람들이기 때문이다. 하지만 가까이 있는, 그것도 가장 신뢰하고 안전감을 느껴야 할 부모가 아이를 달래야 할 때 혼을 내고, 위로해야 할 때 소리를 지르고, 마음을 진정시켜야 할 때 화를 내고, 각성도를 낮춰야 할 때 각성도를 자꾸 높인다면 아이는 점점 타인을 배려하지 못하고 친사회적 성격과 멀어진다.

인간은 약한 존재로 태어나기에 오직 생존하기 위해 전력을 다한다.

철저하게 자기중심적이 될 수밖에 없다. 그러다가 부모의 적절한 양육과 훈육, 공감과 안전망을 경험하면서 자기중심적 뇌가 친사회적 뇌로 변환된다. 그런데 계속해서 부모가 짜증내고 화내거나 소리 지르면 아이의 뇌는 자동적으로 편도체가 각성된다. 두려움과 불안의 뇌가 작동하게 된 아이는 고통과 욕구만을 느낄 뿐이며, 자기중심적 태도로 퇴행하기도 한다. 이것이 그대로 사회적 관계에도 적용되는 것이다.

아이가 태어날 때부터 이미 모든 감각이 예민하든, 부모가 예민하여 아이의 편도체를 자극했든 타인으로부터 멀어지기를 희망하는 존재는 아무도 없다. 우리도 아이일 때 부모의 따뜻한 포옹을 갈구하고 극진한 보살핌을 원하지 않았는가. 사람이 더 이상 안전하지 않다고 느끼는 아이는 너무나 불행하다. 한 개인의 실존성을 무엇으로도 증명할 길이 없어지니 말이다.

아이가 지금 친구들 관계에 지쳐 있다면, 친구들과 노는 것 자체에 관심이 없고 친구들을 멀리하고 있다면, 친구들을 괴롭히거나 친구들 가까이에 가지 못한다면 아이에게는 더 이상 엄마의 훈계와 가르침이 필요하지 않다. 아이에게는 세상에서 가장 편안한 곳에서 가장 달콤하게 쉬는 것이 필요하다. 기력을 보충한 후에야 아이의 뇌가 사회적 동조의 뇌로 전환될 수 있다.

부모는 저울의 중심을
잘 지켜야 한다

　아이에게 동생이 생긴다는 것은 남편이 두 번째 첩을 데리고 왔을 때의 충격과 맞먹는다는 우스갯소리가 있다. 첫 번째 첩은 어떻게 해 보겠지만, 두 번째 첩은 그야말로 답이 없다는 뜻일 거다. 아이에게 동생이 생긴다는 것이 정말로 이와 같은 처참한 상태일까?

　그토록 열패감을 갖게 되고 처절하게 찢기는 상태라면 이 세상의 모든 첫째는 정상적으로 살아갈 수 없어야 하는 것이 아닌가? 첫째가 둘째를, 형과 언니가 동생을 괴롭히는 것을 이에 빗대면서 동생을 시기 질투하여 괴롭히는 행동을 대수롭지 않게, 당연하게 그냥 넘겨 왔던 것은 아니었나? 그것이 자연스러운 행동이라면 모든 아이가 이런 행동을 해야 하는데 그러지 않는 것으로 봤을 때는 이것이 자연스럽고 평범하다는 전제가 잘못된 것은 아닐까?

동생을 때리거나 괴롭히는 행동을 하면 부모들은 보통 행동에만 초점을 둔다. 이는 아이의 행동을 멈추게 하기보다 오히려 강화할 수 있다. 일단은 동생에게 빼앗기는 부모의 관심을 어떻게 해서라도 내 것으로 돌릴 수 있기 때문이다. 잘못된 행동이지만 부모의 관심을 받는 것에는 성공하였으니…. 그렇다고 아이가 잘못된 행동을 해도 아무런 반응을 보이지 않는 것은 아이에게 모멸감과 수치심을 안겨 줄 수 있으니 그저 눈만 감고 있을 수도, 그렇다고 나쁜 행동을 할 때마다 혼을 낼 수도 없는 노릇이다.

동생을 괴롭히는 아이의 행동에는 어떤 신호가 있을까? 아이는 어떤 속마음을 부모에게 들키고 싶은 것일까? 우리가 어린 시절에 미워했던 친구의 예를 한 번 떠올려 보자. 나보다 공부를 잘하는 친구, 나보다 예쁜 친구, 그래서 나보다 훨씬 더 예쁨 받고 인기 있는 친구. 우리는 그 친구에게 아무 잘못이 없음을 알고 있지만, 그를 예뻐하는 선생님, 그를 좋아하는 다른 친구들에게 화를 낼 수 없어 대신 그 친구를 미워했던 적이 있다.

나를 더 예뻐하지 않는 선생님에게 예뻐해 달라고 요구할 수도, 친구들에게 나를 더 좋아해 달라고 요구할 수도 없으니 가장 간단한 방법으로 예쁨 받는 친구를 미워하는 것으로 마음의 가닥을 잡았다. 더 관심 받고 싶다고 표현하는 것은 부끄럽고 민망하니까….

2003년 미국 에모리 대학교의 영장류학자 새라 브로스넌(Sarah F. Brosnan)과 프란스 드 발(Frans B. M. de Waal)은 꼬리감는원숭이를 대상으로 실험을 했다. 연구진은 원숭이들에게 훈련을 시켜 연구자에게 작은 돌멩이를 가져오도록 했다.

연구진은 이에 대한 보상으로 포도 한 송이나 오이 한 조각을 원숭이들에게 주었다. 원숭이들은 당연히 더 달달한 포도 한 송이를 선호했다. 연구진은 두 원숭이에게 우리 바로 앞에 포도가 놓인 그릇을 그대로 두고 오이 한 조각을 보상으로 주었다. 둘은 아무런 거부감 없이 오이를 먹었고, 돌멩이를 연구진에게 주었다.

그런데 이후에 한 원숭이에게는 오이를, 다른 원숭이에게는 포도를 주었다. 그러자 오이를 받은 원숭이는 오이를 연구진에게 집어던졌고 철창을 마구 흔들며 분노를 표현했다.

이는 공정하지 못한 연구진의 행동에 원숭이가 분노를 표현한 것이다. 공정하게 대해 달라는 요구를 공격적인 행동으로 표출한 것이다. 이처럼 공정하지 못한 행동은 분노와 질투를 유발한다. 주목할 점은 오이를 받은 원숭이는 공정하지 못한 행동의 주체인 연구진에게 오이를 집어던졌지, 옆 철창에 있던 동료 원숭이에게 오이를 집어던지지 않았다는 사실이다.

그런데 인간은 원인 제공자에게 제대로 요구하기보다 자기보다 만만한 사람, 분노를 표현해도 될 사람에게 애꿎은 분노를 표현한다. 아이들이 동생을 괴롭히고 공격하는 것도 부모에게 공정한 처우를 요구하지 못해 만만한 동생에게 표현하는 것이라 볼 수 있다. 이 잘못된 행동은 아무리 시정하려 애써도 부모의 불공정을 시정하지 않는 한 해결될 수 없다. 단지 아이가 말로써 요구하지 않았다고 해서 요구하지 않은 것이 아니다. 아이는 부모가 나와 다르게 대하는 누군가를 괴롭게 하고, 부모를 괴롭게 하면서 자신의 뜻을 전달하고 있다.

부모 중 한 명은 큰아이를 잊고 있을지도 모른다. 부모 모두가 잊었을 수도 있다. 첫째를 바라보며 웃던 얼굴로 둘째를 바라보고 웃으면서 첫째를 향해서는 더 이상 그러한 웃음을 짓지 않았을 수 있다. 첫째는 그것을 내내 지켜보고 있고, 분명하게 느끼고 있다. 동생을 만졌다고, 동생을 깨웠다고, 동생을 울렸다고 계속해서 첫째를 혼낸다.

첫째는 이전에 혼이 난 적이 있었는지를 떠올려 보기 시작한다. 아빠는 퇴근하자마자 동생을 먼저 보러 달려간다. 나를 제일 먼저 안아주고 반가워하던 아빠를 더 이상 볼 수 없다. 에라, 저 돌덩어리같이 움직이지도 못하고 버둥거리는 애만 없어지면 아빠, 엄마의 관심과 사랑은 다시 내 것이 될 수 있을 것 같다. 아이는 애먼 대상에게서 문제의 원인과 해결책을 찾는다.

아이는 사실 동생의 탄생으로 상실감을 느끼는 것이 아니라 부모의 사랑이 이전과 같지 않음에 상실감을 느낀다. 문제의 원인은 동생에게 있는 것이 아니라 부모의 태도에 있다. 부모의 태도가 왜 달라졌는지 아이에게 설명하는 것은 부모의 태도에 더해 사랑까지 달라졌음을 확인시켜 주는 것에 지나지 않는다.

동생이 어리기에 더 관심을 표현하는 것이 당연하다는 식의 접근은 곤란하다. 아이는 절대로 동생이 될 수 없고, 그렇다면 계속해서 동생이 더 많은 보살핌의 대상이 될 거라는 선언과도 같으니까…. 변명보다 "오늘은 엄마가 네가 느낄 만한 행동을 했네." 정도로 시인하는 것이 더 효과적이다.

질투는 물론 필요한 감정이다. 질투는 자기가 가진 것을 누군가가 빼앗으려고 할 때 느끼는 감정이다. 질투라는 감정을 느껴야 앞으로 나아갈 수 있고, 남에게 자신의 권리를 주장할 수 있으며, 옆에 있는 사람을 더 소중히 느끼고 내 것을 보호할 수 있다. 하지만 아이가 질투의 감정을 느끼다 못해 동생에게 거친 행동을 한다면 그 이면의 감정을 매만져 주어야 한다. 부모 사랑의 불균등함, 부당함, 불공정함을 돌아보지 않고, 거기에서 비롯한 아이의 실망과 상실감을 알아 봐 주지 않고, 아이의 잘못된 행동만을 꾸짖는다면 해결책은 묻어 둔 채 아이의 마음에 상처만 남기겠다는 것과 같다.

질투는 좌절 때문에 이루어지는 주관적인 감정이다. 사랑하는 부모에게 사랑받지 못한다는 좌절감은 미래 삶에 심각한 결과를 초래할 수도 있다. 만약 애착을 한창 형성해야 할 시기에 이러한 일을 겪게 되면 민감한 상황이 된다. 그러므로 아이가 문제되는 행동을 하기 이전에 예방하는 것이 가장 좋고, 이미 이러한 행동을 하고 있다면 아이의 여러 감정 옆에 멈춰야 한다. 때로는 전문가의 도움이 필요할 수도 있다.

아이의 문제를 예방, 치유하기 위해서는 관계되는 모든 사람이 참여하는 것이 필수적이다. 아빠, 할머니까지 모두 포함이다. 할머니는 항상 옆에 있지 않고 가끔 방문하더라도 이에 동참해야 한다. 가끔 오면서 왔다 하면 동생만 예뻐하다 가는 할머니는 어찌 보면 더 잔인할 수도 있다. 할머니는 오면 무조건 큰아이만 챙기기, 혹은 할머니가 방문하는 날이면 엄마는 오롯이 큰아이와만 놀기, 아빠는 퇴근하면 무조건 큰아이부터 안아 주기 등의 규칙을 정하고 그에 다 따라야 한다.

자녀가 많으면 골고루 사랑해 주어야 하는데 부모도 인간인지라 더 예쁜 자녀가 있을 수 있다. 이런 마음은 제발 혼자서만 알고 묻어 두어야 하지만 자기도 모르게 표정에서 드러나기도 한다. 생겨나는 감정, 나오는 표정이야 어찌할 수 없더라도 행동은 조절할 수 있다. 둘째를 더 많이 안아 주고 싶더라도 의식적으로 큰아이를 더 많이 안아 주고, 더 많이 머리를 쓰다듬어 주고, 격려를 아끼지 않아야 한다. 아이의 질투에 부정적인 반응을 보이거나 비난하지 않고 차분하게 반응해 준다. 가끔 아이가 상실감을 느끼면 야뇨, 식욕부진 등에 시달리기도 하므로 부모가 도저히 통제가 안 된다면 하루 빨리 전문가의 도움을 받아야 한다.

부모의 사랑은 하나의 큰 덩어리가 둘로 나눠지는 것이 아니라 또 하나의 덩어리가 생겨서 2개의 큰 덩어리가 되는 것이다. 두 덩어리 가운

데에는 교집합도 있으며, 각자에 맞는 사랑의 모습들도 있다. 부모의 사랑은 형태의 문제이지 크기의 문제가 되어서는 안 된다.

형제자매는 분명 서로의 가장 좋은 파트너이자 자원이다. 그런데 이는 형제자매라는 이름으로 묶였기 때문에 저절로 완성되는 것이 아니다. 부모가 저울의 중심을 잘 지킨다면 부모가 더 이상 그들을 돌볼 수 없는 순간이 와도 아이들은 서로의 지원군이 될 것이다.

왜 남의 물건을
훔치는 걸까?

　3세 이전의 아이들은 아직 남의 물건과 내 물건의 경계가 모호할 뿐
만 아니라 남의 물건을 훔치는 것이 나쁜 일이라는 사실을 인지하지
못할 수 있다. 어린이집, 유치원 등을 다니게 되면서 아이들은 이제 보
육뿐만 아니라 교육의 세계로 진입한다. 보육시설의 물건은 공동의
것이므로 집으로 가져가서는 안 된다는 것을 배우지만, 아직은 충동
이 더 강할 나이이다.

　그런데 초등학생이 되고 사회의 규칙에 익숙해졌는데도 학교 혹은
다른 친구의 물건을 함부로 가져온다든가 마트 등에서 물건을 훔친다
면 부모로서는 여간 곤혹스러운 일이 아닐 수 없다. 누군가 강하게 나

를 비난할 것만 같은 두려움도 생기고, 이러다 애가 소도둑이 되는 것은 아닐지 걱정도 된다.

한 번의 사건이라도 남의 물건을 훔치는 것은 그냥 사사로이 넘기면 안 된다. 법이 개입될 소지가 있는 문제이기도 하지만, 이는 부모와 아이의 적절한 상호 작용이 그만큼 부족하다는 뜻일 수도 있다. 예를 들면 부모가 지나치게 아이에게 무관심한 경우 관심부족과 애정결핍에 대한 보상 심리로 다른 것을 가짐으로써 대리만족하려는 것일 수 있다. 모든 것을 수용하는 부모의 경우에는 아이의 충동성을 제어하지 못하게 만들기도 한다. 반대로 부모가 지나치게 강압적인 경우에 아이는 이에 대한 반항이나 보복 심리로 물건을 훔치기도 한다.

물론 아이가 물건을 훔쳤다고 해서 모든 사건의 원인을 부모로 귀결시키는 것은 가혹하다. 하지만 아이가 어쩌다 충동을 참지 못해 훔쳤다면 훈육과 교육으로 얼마든지 행동을 수정할 수 있다. 행동의 수정을 시도해도 자꾸만 남의 물건을 훔친다면 이는 부모의 양육 태도가 위험 수위일 수 있음을 시사한다.

물건을 한 번 훔쳐 본 아이는 이 같은 행위를 다시 반복하기 때문에 행동을 고치려면 시간과 부모의 노력이 필요하다. 아이가 물건을 훔친 것을 목격하거나 알았을 때 "너 이거 훔쳤니?"라고 묻지 않는 것이 좋다. 아이는 당황하고 변명하고 공포에 떨 것이다. 아이는 이미 자기가 한 행동이 나쁜 짓임을 알고 있다. 그래서 아이도 나쁜 짓을 털어놓고 싶고, 하루 빨리 부담과 죄책감에서 벗어나고 싶어 한다. 이때 아이가 거짓말을 해서라도 자신을 보호하기 위해 애쓰는 대신 솔직하게 자신의 잘못을 시인할 수 있도록 부모가 현명하게 질문해야 한다.

홈쳤느냐고 물어보는 대신 어디에서 그 물건이 생겼느냐고 물어보는 것이 좋다. 혹시나 누군가가 아이가 예쁘다고 공짜로 준 것일 수도 있으니 정확히 짚고 넘어가는 것이다. 또한 아이가 홈친 것을 보지는 못했지만 아이가 홈친 것에 대한 합리적 의심을 멈출 수 없는데 아이가 홈치지 않았다고 허위 자백을 할 경우에도 아이를 추궁하거나 윽박지르지 않는 것이 좋다. "엄마는 모든 것을 알고 있다." 정도로 아이의 부담감을 자극한다. 그리고 어느 날 갑자기 또 낯선 물건이 집에 있는지 없는지를 두고 지켜본다. 다시 낯선 물건이 보이면 그때는 더 과감하고 적극적으로 낯선 물건의 존재 이유에 대해 집중적으로 수사를 해야 한다.

아이가 물건을 홈친 것을 직접 목격했거나 확실할 때도 아이에게 물건이 어디에서 났는지 직접적으로 물어보는 것이 좋다. 홈친 것을 다알고 있다고 빨리 자백하라고 하거나 왜 홈쳤는지 이유를 묻는 것은 도움이 되지 않는다. 아이가 물건을 홈치는 것은 그냥 갖고 싶었던 것이 다일 수 있다. 부모로부터의 애정이 결핍되고, 부모에 대해 반항심이 크더라도 아이에게는 이유를 조리 있게 설명하는 것이 부담스럽다. 이유가 그럴 듯하다고 해서 도둑질이 이해받을 수 있는 것도 아니다. 그러므로 이유를 따지기보다 도둑질이라는 행위가 나쁜 것임을 설명해 주고, 부모가 대신 물건 값을 갚아 주지만 아이가 심부름이나 집안 일을 도움으로써 그 돈을 갚아야 한다는 것을 일깨우는 것이 중요하다.

그리고 아이를 데리고 피해자인 친구를 만나거나 물건을 몰래 가져 온 장소에 방문하여 아이가 직접 사과하게 한다. 이는 아이에게 수치 심과 모멸감을 주는 것이 아니라 자신의 잘못된 행동에 대해 책임감 을 가르치는 일이며, 죄책감으로부터 자유롭게 해 주는 일이다. 이로 써 사과는 엄마한테 하는 것이 아니라 제대로 된 대상에게 해야 함을 알게 해 준다.

부모가 느끼는 감정도 솔직하게 아이에게 이야기한다. 돈이 필요한 데 엄마에게 이야기하지 않은 것에 대한 섭섭함, 자기의 필요와 욕구 를 잘못된 방법으로 푼 것에 대한 실망감을 그대로 전달한다. 애써 부 모는 아무렇지 않은 척 넘어가는 것은 아이가 부모의 마음을 계속해서 신경 쓰고 짐작하게 하므로 아이에게 부담감을 가중시키게 된다. 아이 에게 부족한 것이 무엇인지, 그에 대한 느낌과 감정이 어떤지에 대해 서 들어 주고 변명할 기회, 자신을 변호할 기회도 준다.

그런 다음 아이와 함께 지켜 나갈 규칙의 목록을 정한다. 다음의 목 록은 예시이다.

1. 밖에 나가기 전에는 사고 싶은 것의 목록을 적고, 그 밖의 물건을 따로 추가하지 않는다.
2. 또 갖고 싶은 것이 생겼다면 그것은 다음 기회로 넘긴다.

3. 친구의 물건이 탐날 때는 물건을 훔치지 말고 엄마에게 바로 이야기한다.
4. 훔치고 싶었던 물건이 진짜 갖고 싶은 것인지, 혹은 진짜 필요했던 것인지를 서로 이야기 나눈다.

아이가 갖고 싶어 하는 것을 목록화하고 진짜 갖고 싶은 것, 다음으로 갖고 싶은 것을 나열해 보는 것은 모든 물건이 내게 필요하지 않다는 것을 깨닫고 모든 욕구를 충족하기 위해 애쓰지 않게 만든다. 만약 부모가 다음을 기약했다면 다음에 꼭 약속을 지키는 모습도 보여 주어야 한다. 그래야 당장의 욕구를 해결하는 데 아이의 관심이 집중되지 않을 것이며 인내심과 참을성도 배울 수 있다.

부모의 사랑이 부족하여 이이가 대체제로서 타인의 물건을 훔치거나, 자신에게로 부모의 관심을 돌리게 하려는 무의식적 욕망으로 나쁜 행동을 일삼는 아이는 자신이 왜 그러한 행동을 하고 있는지 모르는 경우도 많다. 아이의 행위가 어떤 결핍에서 비롯한 것인지, 그것이 만약 부모에게서 비롯한 것이라면 부모는 아이로부터 답변을 들으려고 하기보다 자기 내면으로부터 답을 찾아야 한다. 내가 잘못 키웠나 자책할 필요는 없다. 그저 앞으로 애정과 관심을 더 쏟아 주면 된다.

3장

엄마도 아이도
정서적으로 성장하는 시간

긍정적 사고와 부정적 사고의 균형이 중요하다

우리는 일상생활 속에서 긍정적 사고와 부정적 사고를 동시에 하면서 살아간다. 이왕이면 좀 더 긍정적인 사고방식으로 세상을 사는 편이 훨씬 더 유익하다고 생각하기도 하고, 부정적 사고를 비이성적인 것으로 간주하기도 한다. 과연 긍정적 사고는 이성적인 걸까, 부정적 사고는 행복과 반비례의 관계에 있는 것일까를 진지하게 생각해 본 후 사고방식에 대해 정확한 지식을 아이들에게 가르쳐 주어야 아이들이 겪는 인지적 오류를 막을 수 있다.

합리적인 사고와 비합리적인 사고가 무엇인지부터 정의해야 한다. 예를 들어, 가장 친한 친구에게 은밀한 비밀을 털어놓았는데, 다음 날

반 아이들 모두가 알게 되는 일이 발생했다. 이때 친구에게 무슨 사정이 있었을 거라고, 친구의 실수였을 거라고 부정적 상황에 긍정적 사고를 하는 것은 합리적일까? 그것은 문제를 직면하기 거부하는 방어기제의 발로이지 않을까? 문제를 회피하는 것과 긍정의 불일치성을 확인하기 두려운 것은 아닐까?

사람들은 가끔 합리적인 생각의 자리에 긍정적인 생각을 대입하거나 탄력적인 사고를 긍정적인 사고로 오해하기도 한다. 이러한 제안을 통해 사람들의 혼란을 가중하는 전문가들까지 있다. 누군가가 탄력적이면서 대안적이고 합리적인 사고를 긍정적인 사고로 이해하고 그것을 제안하기까지 한다면, 이는 결과적으로 시야가 좁아진 상태의 사고를 하게 만드는 것이다.

합리적 사고는 대안이 있는 사고이다. 친구가 나를 배신했다면 어떤 대응을 할지, 직업을 잃었다면 그 다음에 해야 할 일은 무엇인지 등 대안을 구체적으로 제시해 주는 것이 합리적 사고이다. 상황을 긍정적으로만 바라봤을 때는 대안에 접근하기가 어려워진다. 모든 일이 잘 될 거라는 것은 긍정적인 사고도 아니다. 이러한 사고는 우리가 부적절하고 비현실적인 결론에 도달하게 만들 뿐이다. 아이들에게 합리적 사고를 가르쳐야지 긍정적 사고를 가르치면 아이들은 자주 인지적 오류에 빠질 수밖에 없다.

물론 긍정적 사고는 중요하다. 그러나 부정적 사고도 중요하다. 긍정적 사고는 나의 존재를 긍정하고, 희망을 엿보게 하며, 삶의 활력을 불어넣는다. 부정적 사고는 대안을 생각하게 하고, 위험을 피하게 하며, 나를 보호할 수 있게 해 준다. 그런데 아이들에게 항상 긍정적으로 생각하라는 엄마들을 자주 본다. 이는 긍정과 희망을 혼동하는 것이며, '항상'이라는 단어로 아이를 당위적 차원에 머물게 하는 일이다. 무엇보다 이는 왜곡된 사고이지 긍정적 사고가 아니다.

부모는 아이들이 긍정적 사고와 부정적 사고 간의 '균형'을 이룰 수 있도록 도와주어야 한다. 인생의 행복은 세상과 조화를 이룰 수 있는 관점에서 비롯하며, 그 관점은 긍정적 사고와 부정적 사고의 균형에서 시작한다. 균형 잡힌 사고야말로 세상을 왜곡하여 인지하지 않게 하며, 편견에 사로잡히지 않도록 해 준다.

이 둘 사이의 균형이 깨어지면 우울증이나 조증 등 마음의 장애를 초래하기도 한다. 우울증은 부정적 사고가 압도적으로 많아지거나 긍정적 사고가 현저하게 감소한 상태라면, 조증은 긍정적인 사고가 증폭하고 부정적인 사고가 감소된 상태라고 할 수 있다. 긍정적 사고가 지나치면 자칫 자신을 과신하고 무모해지기도 하며, 비현실적으로 거창한 계획을 세우게 되면서 실패와 부적응을 낳을 수 있다.

긍정적 사고만 하던 사람은 시련을 겪는다거나 배신을 당하면 갑자기 우울에 빠지거나 나락으로 떨어지게 되고, 부정적 사고만 하던 사람은 부정적인 사고를 더 강화하고 합리화하여 "역시 세상은 그렇다."라는 결론을 짓는다. 둘 다 전혀 유연하지 못한 사고방식이다. 긍정적

으로만 생각하는 것도 부정적으로만 생각하는 것 못지않게 유연하지
못한 사고방식이기 때문에 많은 부작용이 뒤따른다.

슈바르츠(Schwartz)와 같은 인지이론가는 긍정적 사고와 부정적 사
고의 비율이 기분 상태를 결정하는 중요한 요인이라고 주장하였다. 심
리적으로 건강한 사람들은 긍정적 사고와 부정적 사고가 1.6 : 1.0의
비율을 이루는데, 이것이 긍정적 사고와 부정적 사고가 적절한 균형
을 이루는 황금비라고 한다.

긍정적 사고와 부정적 사고의 비율은 삶에 중요한 의미를 지닌다. 긍
정적 사고는 낙관적 기대와 더불어 삶에 생기를 불어넣어 주는 추진기
인 반면, 부정적 사고는 비관적 기대와 함께 삶의 폭과 속도를 감소시
키는 제동기라 할 수 있다. 자동차에도 제동기와 추진기가 모두 있어
야 하듯이 우리 삶도 마찬가지이다. 추진기 없는 삶은 무료하고 따분
하며, 제동기 없는 삶은 치열하고 힘들다.

바꾸어 말하면 자신감을 잃고 삶의 목표와 방향을 상실했을 때 우
리를 다시 일으켜 세우는 것이 긍정적 사고이고, 자신을 지나치게 채
찍질하여 달리기만 하는 자신을 인식하는 순간 소진되는 것과 건강을
해치는 것을 염려하게 하는 것은 부정적 사고이다.

건강한 마음의 소유자는 추진기와 제동기를 모두 갖추고 적절하게
이 둘을 활용할 줄 아는 사람이다. 따라서 어느 것이 더 좋고, 심지어
더 옳은 것이라고 아이에게 가르치기보다 섣부른 판단은 배제하고 상

황에 맞는 적절한 사고를 할 수 있도록 가르쳐 주는 것이 더 이롭다.

아이의 균형 잡힌 사고를 위해서는 불확실성을 인정하는 법부터 가르쳐야 한다. '항상', '무조건', '반드시' 등과 같은 극에 달한 표현으로 희망에 집착하게 해서는 안 된다. 오히려 불확실성을 인정하는 사람이 더 열심히 공부하며, 나쁜 일만 벌어지지는 않을 거라는 것도 인정한다. 나쁜 일이 실제로 벌어지더라도 그에 적절히 대처할 수 있는 방법을 터득할 수 있다.

긍정과 부정의 균형 잡힌 사고를 하는 사람은 자신과 생각이 다른 사람에 대해서도 자신과 다르다고 배척하지 않는다. 긍정과 부정 어느 한 쪽에 치우친 사람들은 자신의 신념과 조금만 배치되는 사람도 소외시키고, 편 가르기를 좋아한다. 내가 타인보다 더 우월하다거나 더 열등하다는 것이 아닌, 서로 의견이 다를 뿐이라는 것을 받아들이지 못한다. 이는 아이의 사회성과 인간관계에도 그리 좋은 영향을 주지는 않는다.

균형 잡힌 사고를 하는 사람은 자기 자신에 대해서도 너그럽다. 이래야만 한다는 사고에서부터 자유롭기에 언제든 자기 자신을 다시 세울 수도, 자기 앞에 있는 벽을 허물 수도 있다. 이것이야말로 자기 자비의 완성이며, 자기 사랑의 완결이지 않을까.

화는 나쁜 감정이 아니다

엄마가 되어 가장 많이 시달리는 감정은 바로 죄책감일 것이다. 내 안의 바닥을 자주 마주하게 되고, 내가 이것밖에 안 되는 사람인가 자책하게 된다. 아이에게 불같이 화를 내었다가 이내 돌아서서 후회하다가 또다시 화가 난다. 냉탕과 온탕 사이를 수시로 드나들며 얼었다 녹았다 반복하다 보면 엄마의 마음은 흐물흐물해지기 십상이다. 내 생애에서 이렇게까지 화를 참지 못한 순간이 있었나, 나는 왜 사랑하는 아이에게 악마처럼 화를 내었나, 나는 엄마로서 자격이 없어 등 화를 내거나 아이를 때리고 나서 갖가지 의문과 죄책감, 우울감을 느낀다.

정말 못나 빠진 사람이라서, 마귀와 같은 인격을 갖고 있어서 사랑해도 모자랄 아이에게 화를 내고 폭력까지 동원하는 것일까? 진짜 마귀라면 아무런 죄책감도 느끼지 않을 것이므로 그저 잘하고 싶지만 실전에 약한 서툰 감정의 소유자들이라고 결론을 내리는 편이 더 합리적이다.

화를 내고 나서 강하게 죄책감을 느끼는 것은 '화는 나쁜 감정'이라는 인식이 깔려 있어서이다. 그래서 화를 내고 나서 어떻게 처리하는지를 배우기보다 화를 내면 안 된다부터 배우게 되었다. 그렇기에 어른이 된 지금도 아이 앞에서 화를 내는 나의 모습이 저질스럽게 느껴지고, 그러다가 어느 순간에는 나의 분노에 적당한 정당함을 덧입히기도 하고, 둔감해지기도 한다. 화에 대해 제대로 이해하지 못하고, 이를 어떻게 처리해야 하는지를 알지 못하는 한 엄마는 죄책감과 무감함 사이에서 우왕좌왕하게 될 테고 아이에게는 상처만 남기게 된다.

가장 첫 번째로 엄마가 해야 할 일은 아이에게 절대 화를 내지 않겠다는 다짐에서부터 자유로워지는 것이다. 아이에게 화를 낼 수 있다. 화를 낸다는 것이 사랑하지 않는다 혹은 사랑하지 않겠다의 반대 표현이 아니다. 그러므로 아이에게 이를 설명해 주고, 엄마 스스로도 이에 대한 전제적 인식이 있어야 한다. 모든 엄마가 온유하고 인자한 모성애를 실천하고 싶어 하지만 화가 나는 순간에도 차분하고 이성적인 어조로 말할 수 있는 사람은 거의 없다. 미국 드라마에서나 볼 수 있을 정도다.

그러므로 아이에게 화를 내는 자신을 보며 실망을 반복하기보다 언제든 불어 올 수 있는 태풍처럼 화를 인식하고 그에 적극적으로 대비하고 대처하는 것이 더 현명하다. 그럼에도 자꾸만 스스로에게 자책감을 느낀다면 화를 낸 것이 아니라 화풀이한 것이기 때문일 수 있다.

화와 화풀이는 분명 다른 개념이다. 만약 화를 표현하는 것이 아니라 계속해서 만만한 아이를 대상으로 화풀이를 하고 있다면 자기 자신을 돌아봐야 한다. 화풀이의 예를 들자면, 남편에게 화를 내면 싸움이 되니 일단 속에서 부글부글 끓는 화를 참다가 순간적으로 아이의 행동이 거슬려 아이에게 소리를 지르는 것 등이 있다.

화는 좌절된 욕구의 표현이며 수치심과 모멸감, 절망감의 대리인이다. 나를 지키고 보호하는 데 가장 강력한 도구이다. 그러므로 분노의 감정을 존중해야 한다. 지금 일어나고 있는 화의 근원에 어떠한 욕구와 감정이 숨어 있는지를 밝혀내야 한다. 아이가 엄마의 말에 귀를 기울여 주었으면 하는 욕구, 내 기대를 저버린 아이에 대한 실망과 좌절, 엄마를 더 사랑해 주면 좋겠는데 아빠를 사랑하는 것에 대한 슬픔 등. 화의 이면에는 무수한 욕구와 감정이 숨어 있다.

분노를 존중하여 알려고 하지 않으면 자신의 욕구와 감정도 무시되고야 만다. 이처럼 자신의 욕구와 감정을 인식하게 되면 아이에게 낼 화가 아니라는 것을 깨닫게 된다. 내 욕구를 좌절시킨 사람은 아이가 아니라 나의 기대이기 때문이다.

아이가 잘못된 행동을 했을 때는 분명하고 단호하게 화를 내도 된다. 아이는 자신이 잘못했을 때 그것을 본능적으로 알아차린다. 이때 엄마가 단호하게 야단치거나 화를 내지 않으면 아이의 심리는 더 불안해진다. 자신을 올바로 이끌어 주어야 할 사람이 무심해 보이기 때문이다. 좋은 엄마이고 싶어서 아이가 잘못하는 순간에도 아무런 반응을 하지 않으면 아이에게는 선의가 아니라 무관심으로 보인다.

화가 멈춰야 할 순간에도 증폭되는 이유는 화를 꾹꾹 누르기 때문이다. '참을 인 세 번이면 살인도 면한다.'는 속담을 수시로 들은 우리는 화를 자꾸만 참는 버릇이 있다. 이렇게 되면 눌린 감정이 사그라지고 어딘가로 날아갈 것 같겠지만, 감정은 알아차리고 해소해 주기 전에는 절대 그냥 사라지지 않는다. 더구나 우리는 참았던 모든 순간을 기억하고 있다. 그러니 화가 폭발하는 시점에는 이미 쌓였던 화들이 한꺼번에 터져 나와서 모든 것을 휩쓸고 재만 남게 되는 것이다.

화를 참는 것보다 제대로 적당하게 표현하는 방법을 터득하는 것이 엄마의 정신 건강에도 좋고 아이에게도 치명적 상처를 남기지 않는다. 다음의 단계에 따라 화를 인정하고 누그러뜨리는 것을 제안한다.

1단계 : 화는 자연스러운 감정이고, 아이에게도 화를 낼 수 있으며 누구에게나 화를 낼 자격과 권리가 있다는 것을 인정한다. (엄마만 예외라는 생각은 버리자.)

2단계 : 일단 화가 나면 5초 동안 숨을 천천히 들이마시고 다시 5초 동안 천천히 내쉰다. (숨을 들이쉬는 것은 스트레스와 불안감, 내쉬는 것은 마음을 가라앉히는 것과 각각 관련이 있다.)

3단계 : 화가 났다면 왜 화가 났는지 분명한 어조로 아이에게 말한다.

4단계 : 아이에게 어떻게 행동할 것을 요구한다.

5단계 : 화를 낸 이후의 죄책감은 아무것도 해결해 주지 못하므로 죄책감에서는 빨리 벗어난다.

6단계 : 영원히 지속되는 감정은 없으므로 화도 마찬가지다. 하지만 과도하게 화가 난 경우에는 2~3시간 정도 혼자만의 시간을 갖는다.

아이를 해치지 않고 모욕하지 않고도 분노를 표현할 수 있다. 분노가 나쁘지 않다는 것을 인정하고 그것에서 자유로워지면 화가 날 때마다 분노를 표현할 수 있게 되고, 더 큰 분노를 막을 수 있음을 다시 한 번 강조한다. 그것이 내 아이를 나로부터, 극단의 화로부터 지키는 좋은 방법이다.

나를 닮은 아이가 미운 것은
내 어린 시절의 상처 때문이다

부모와 아이는 서로에게 거울과 같다. 아이는 부모에게 자신의 정체성을 반영하면서 성장한다. 아이뿐만 아니라 부모 역시 아이를 바라보며 부모로서의 정체성을 확인하면서 함께 성장한다. 그런데 거울을 한참 들여다보고 있으면 내 얼굴의 단점만 집중되어 보이듯이 아이도 한참 바라보다 보면 못난 점이 눈에 들어온다. 아이의 못난 점은 때로는 아빠의 것, 때로는 엄마의 것과 닮았다.

남편이 너무나 밉고, 남편 모습에서 꼴 보기 싫은 것이 있는데 아이가 그 모습을 특히 닮았다면 아이에게 남편의 모습이 대입된다. "꼭 지애비를 닮아서…." 이 말은 남편에 대한 악감정이 얼마나 사무치는지를 알 수 있는 단면이다. 남편에 대한 미운 감정을 아이에게 쏟아 버리는 엄청난 폭력을 자행하고, 결국 아이가 아버지를 미워하게 만들고, 자기 자신을 혐오하게도 만든다.

남편의 싫은 모습을 닮은 아이가 미워지는 것은 아이에 대한 미움이라기보다 다른 대상에 대한 미움이기에 인지적 재조정을 통해 아이와 그 대상을 분리할 수만 있다면 일시적일 수 있다. 아이가 남편을 닮았든, 시아버지 혹은 시어머니를 닮았든, 그들과 내 아이는 얼굴은 비슷하지만 분명 다른 존재임을, 그래서 내가 인지적 오류를 범하고 있음을 인식하는 것이다.

그런데 가끔 나를 닮은 모습에서 화가 치밀어 오를 때가 있다. 대체로 부모는 자신을 닮은 아이를 더 좋아하지만, 자신을 닮아서 미워지고 꼴도 보기 싫어질 때는 나의 열등감이 아이라는 거울에 비쳐 나를 향하기 때문이다. 아마도 어린 시절에 있는 그대로의 모습으로 사랑받기를 원했을 것이다. 그런데 부모님은 나의 흠집을 지적하고, 나의 단점을 못마땅해하며 계속해서 잔소리했을 것이다.

그런 경험이 거듭되면 자신을 연민하는 감정도, '그럼에도 불구하고 나는 나를 사랑하리라.'는 강력한 의지와 저항도 쉽게 생기지 않는다. 세상에서 가장 나를 예쁘다고 해야 할 대상이 나의 단점 때문에 나를 싫어하는 것 같은 절망감을 극복하기란 여간 어려운 일이 아니다.

나를 닮은 아이를 보면 자신의 열등감을 마주하게 되고 자꾸만 열등감이 내 앞에서 얼쩡거리며 나의 열등함을 상기시켜 주니 화가 나는 것이다. 즉 나를 닮은 아이를 보며 화가 나고 아이가 미워지는 것이 아니라 나의 열등감 혹은 내가 열등하다고 생각했던 부분을 닮은 아이를 보면 화가 난다고 해야 올바른 표현이다. 이때 마음속에 일어나는 것이 투사이다.

투사란 자신이 인정하지 않는 부정적인 생각이나 감정, 욕구 등을 다른 사람의 탓으로 돌림으로써 자신이 정서적 부담감을 덜어 내는 방어기제이다. 싫은 내 모습을 닮은 아이를 보며 동일시하고, 동정하고 연민하는 것이 아니라 싫어하는 감정을 느끼는 것이다. 이러한 투사는 대개 무의식적으로 일어나는 일이므로 자신이 지금 아이에게 투사하고 있다는 사실을 인지하지 못할 때가 많다. 그냥 아이가 잘못되어서, 혹은 아이가 제대로 하지 않아서 아이 탓을 하며 화를 낸다고 생각하기도 한다.

"나는 언니와 다르게 별로 예쁘지 않았을지도 모르고, 동생과 다르게 눈치가 빠르지 못했을지도 모른다. 언니처럼 대범하지도 않았고, 실수가 잦고 그래서 더 소극적이었을 수도 있다. 그런 내게 아버지는 '너는 누구를 닮아 그 모양 그 꼴이냐.'고 윽박지르고 혼을 냈다. 그래서 나는 늘 언니처럼 되고 싶었고, 동생처럼 되고 싶었다. 그들처럼 되고 싶었던 것은 부모에게 더 관심 받고 사랑받고 싶어서였다. 하지만 나는 언니처럼도, 동생처럼도 될 수 없었다. 그들처럼 된다고 부모가 나를 진짜로 사랑해 줄지도 모르겠다. 어느새 나는 진짜 내 모습이 무엇인지도 모르겠고, 내 속에는 열등감만 지독히도 살아남았다."

그때 거기로 돌아가 보자. 나의 실수에, 나의 느림에, 나의 부족한 점에 괜찮다고 말해 줄, 그럼에도 나는 너를 사랑한다고 말해 줄 부모를 간절히 원한 어린 시절의 내가 있다. 그 아이는 내 아이와 겹쳐져 있다. 사랑받고 관심 받고 싶어서 더 미운 짓을 하는 어린 나와 똑같은 어린 내 아이가 있다. 상처받았던 내게서 상처를 그대로 대물림받은 내 아이. 부모의 상처는 그렇게 자식의 상처와 데칼코마니를 이룬다.

아무리 방어기제가 무의식중에 일어난다고 해도 우리가 이를 알아차리지 못하는 것은 아니다. 부모가 투사의 방어기제를 통해 자기 마음의 짐을 덜고 있다는 것을 의식하지 않는다면 아이는 먼 훗날 자신의 아이에게도 열등감을 대물림할지 모를 일이다. 전혀 불편감을 느낄 만한 대상이 아닌데도 내가 불편감을 느끼고 쉽게 감정이 동요되어 버린다면 투사를 의심해 봐야 한다. 내가 지금 아이에게 하는 행동이 과거에 내 부모가 나에게 하던 행동은 아닌지를 따져 봐야 하는 것이다. 내 아이가 보이는 모습이나 행동이 실은 내가 싫어하는 내 모습이나 행동은 아닌지를 살펴보자.

투사를 멈추려면 투사의 전원을 끄고 외부가 아닌 내부로 시선을 가져와야 한다. 아이보다 먼저 나 자신에 대해 자비와 너그러움을 느껴야 한다. 나조차도 내 편이 되지 못하고 부모의 편이 되어 나 자신을 자책하고 원망하며 미워한 것에 대해 내가 나에게 사과하고 위로하여야 아이에게도 사과할 용기가, 더 사랑할 지혜가 생긴다. 나에 대한 치유이자 아이에 대한 사랑의 실천은 누군가 나를 향해 수치심을 느끼게 했던 그 역사의 한 단면을 삭제하고 열등감의 페이지를 찢는 순간 가능하다.

나를 닮은 아이를 보며 마음이 몹시 어지러워지는 것은 수치심으로 인해 존재가 부정당하는 경험을 하였기 때문이다. 수치심은 내 존재 자체가 틀렸다는 생각을 하게 만드는 극단의 감정이다. 수치심을 자주 느꼈던 사람은 보통 자신이 하고 싶은 일을 하지 못하고 타인의 기대에 맞춰 살며, 나인 나로 살지 못하고 나여야 하는 나로 살게 된다. 우리의 욕망과 감정을 마비시키는 타인 구속적인 감정인 것이다.

수치심과 동시에 불완전함에 대한 불안, 좌절감, 죄책감을 느끼며 이를 끊어 내기 위해 완벽과 통제를 추구한다. 본연의 모습을 편하게 느끼지도 못한 채 항상 자기 부적절감을 느끼며, 스스로를 옭아매는 자기혐오의 길을 아슬아슬하게 걸어가고 있다고 볼 수 있다. 존재의 좌절과 수치심을 끊어내기 위해서는 나를 알아야 함은 물론 내가 문제가 아니라 상황이 문제였고, 나에 대한 가족의 태도에 문제가 있었음을 인정하고 그때의 내게, 그리고 지금의 내게 정확히 무엇이 필요한지를 바로 봐야 한다.

그러면 드디어 울고 있던, 슬펐던 내가 아닌 진짜 내 아이의 모습이 보일 것이다. 나를 너무나 믿고 의지하는 사랑스러운 내 아이가….

오직 아이 자신이 잘못한 것에
한해서만 책임을 묻는다

책임감은 자신의 한계를 분명하게 알아야 비로소 긍정이 된다. 한계를 지은 책임감이란 자기 자신의 일, 자기 자신의 행동 등 책임감의 울타리, 즉 주체를 자기 자신 이내로만 한정하는 것이다. 자기를 넘어 타인과 환경까지 책임의 범주에 넣게 되면 책임감은 성가신 것이 되고, 많은 문제의 원인이 된다. 우울증, 불안, 섭식 장애, 집착 등은 모두 과잉 생산되고 압도적인 책임감의 잠재적인 결과일 때가 많다.

그런데 남편이 있지만 엄마인 내가 온 집안의 일을 도맡아야 한다. 막중한 책임감을 가진 사람은 의지할 곳도 없다. 의지할 곳이 있다면 굳이 혼자서 책임감을 떠안을 필요도 없었을 것이다. 믿을 사람은 자기 자신밖에 없고, 자기 자신이 사라지면 내가 책임져야 할 모든 사람과 상황을 망쳐 버리고 말 테니 자신에 대한 집착도 심해진다. 나 하나 간신히 붙들고 사는 삶이란 그만큼 버거울 수밖에 없다.

한 연예인이 TV에서 고백을 했다. 어린 시절에 본인이 집안의 실질적인 가장이 되어야 했기 때문에 모든 것이 불안했다고 한다. 그러한 불안감은 어른이 되어서도 지속되었고, 결혼을 하고 갑자기 안정적이 되니까 자기는 항상 불안했던 사람인데 갑자기 왜 안정적인지 안정감이 낯설고 낯선 감정 때문에 더 불안감이 엄습해 온다고 했다. 지금 느끼는 행복이 언제 깨질지 모르는 데서 오는 불안함이었다. 부모가 맡아야 하는 책임을 자식이 대신 떠맡게 되니, 안 그래도 자아가 불안정하고 모르는 것투성이인 아이에게 세상은 그야말로 흔들리는 외나무다리처럼 느껴졌을 것이다.

보통 장남이나 장녀가 과도한 책임감을 느끼곤 한다. 동생들에게 모범이 되어야 하고, 부모가 잘못되었을 때는 가장이 될 때도 있다. 실제로 이혼 가정, 조손 가정이 늘어나면서 여전히 많은 아이가 부모의 행위로 인한 책임을 수행하고 있기까지 하다. 아픈 할머니, 할아버지를 걱정하고 돌보는 아이들을 미디어에서 수시로 접한다. 돌봄을 받아야 하는 아이들이 동생을 돌보거나 조부모를 돌보는 것은 그들의 주체적 한계를 넘어선 일들이다.

맡겨진 일이니 하기는 할 것이다. 과도하지만 어떻게든 잘해 내기까지 할 것이다. 하지만 모든 상황을 관리할 수 있는 능력이 없는 상태에서의 책임은 해로운 생각과 행동 패턴에 빠지게 한다. 통제하고 관리하는 힘이 떨어지니 확인하고 또 확인해야 하고, 그러다 보면 완벽주의자가 될 수밖에 없다. 자신에게 엄격해지고, 작은 실수도 용납하지 못하고, 결과에 만족하지 못하며 목표를 달성하지 못하면 고통을 겪는다. 남의 기대를 충족하고 만족시키기 위해 애쓰고, 스스로 높은 기대치를 갖고 있기 때문에 실망하고 낙담할 가능성도 높아진다.

책임감이 지나친 사람은 자기 자신에게 요구하는 것이 많은 만큼 타인에게도 요구하는 것이 많다. 민감하고 까다롭다. 다른 사람들도 자신이 추구하는 신념과 옳고 그름에 대한 인식을 공유해야 한다고 생각한다. 문제는 그들이 가진 신념과 인식이 상당히 제한되고 협소하며 경직되었다는 점이다. 그들은 규칙이나 규범을 중시한다. 사람보다 과제 완수와 목표 달성이 더 우선이다. 자신이 대하는 것이 일이 아니라 사람임을 자주 잊는다. 자기가 추구하는 방법이 유일하고 가장 좋은 방법이라고 생각한다.

인간관계에서 사람들이 피곤해할 스타일의 전형이라 할 수 있다. 책임감 강한 완벽주의자가 직장 상사라고 생각해 보라. 벌써부터 피곤해지지 않는가. 만약 부모가 책임감 강한 완벽주의자라면 아이들은 주눅 들기 십상이고 무기력해질 것이다. 무엇을 해도 부모의 성에 차지 않을 테고, 부모가 실망한 모습을 보는 것이 아이에게는 일상이 될 테니 말이다.

일본 히로시마 대학교와 미국 센트럴 플로리다 대학교의 공동 연구에 의하면 책임감은 불안 장애와 강박 장애의 공통분모라고 한다. 앞서 말한 연예인의 사례에서 책임감이 어떻게 불안의 근간이 되는지를 보았다. 책임감과 완벽주의는 강박 장애 환자들에게서 수시로 목격할 수 있는 특성이기도 하다. 연구진은 책임감의 3가지 유형을 확인하여 제시했다. 다른 사람을 돌보고 보호해야 하는 주관적인 필요성, 문제에 대한 해결책을 찾는 데 적용된 노력, 죄책감이다.

때로는 부모가 부담과 책임을 직접적으로 주지 않아도 아이 스스로 책임감을 느낄 수 있다. 이는 아이가 다른 사람을 돌보고 보호해야 한다고 주관적으로 필요성을 느끼고 판단한 것이다. 자신 앞에 놓인 문제를 스스로 혹은 혼자서 해결하기 위해 들인 노력의 시간과 강도에 따라 책임감은 상당히 높아진다.

가장 높은 책임감을 갖게 만드는 것은 죄책감이다. 부모가 싸우는 것, 부모가 아픈 것, 부모가 이혼한 것 등 모든 것이 나 때문인 것 같다는 죄책감은 아이들을 책임감에 사로잡히게 만드는 가장 강력한 무기이다. 심지어 이 무기를 부모가 교묘하게 활용하는 경우도 허다하다. 내가 고생하는 것, 내가 희생하는 것은 모두 다 너를 위한 것이라는 메시지를 던짐으로써….

'나는 너를 의존하고 의지한다. 나의 고생과 희생을 모두 책임질 장래의 너에게 깊이 의존한다. 그러니 지금도, 앞으로도 잘할 것이라고 믿는다. 나의 보증수표여.'

빚쟁이가 된 아이들은 채무를 이행하기 위해 가장 완벽한 책임자 노릇을 할 것이다. 먼 훗날 부모를 원망하든, 부모와 인연을 끊든 일단 지금은 뭐든 할 것이다. 인정받고 사랑받는 아이이고 싶으니까….

부모는 아이에게 안전지대로서의 역할을 충실히 이행해야 한다. 각자의 역할에 몰입하면 된다. 아직 전두엽이 완성되지 않아 사고와 판단이 미숙할 수밖에 없는 아이에게 결정권을 함부로 맡기지 않는다. 너의 일이니 네가 알아서 결정하라고 모든 결정권을 아이에게 이전시키는 것은 아이에게 불안감을 심어 주는 일이다. 네 앞에 놓인 숙제를 풀고, 의사결정을 하고, 장애물을 넘어서야 하는 매 순간 나는 최선을 다해 너를 도울 것이며 네 옆에 있겠다는 부모로서의 책임을 아이에게 보여 주어야 한다.

아이에게 책임을 물을 수 있을 때는 오직 자신이 잘못한 것에 한해서이다. 동생이 잘못한 것에 연대책임을 지게 한다든가, 동생 대신에 혼을 내는 것은 위험천만하다. 아이들은 감히 말은 하지 못하지만 자신이 왜 남의 잘못에 대해 혼이 나는지 이해하지 못하며, 비상식적이며 비이성적인 상황과 부모의 태도에 분노를 품게 될 것이다.

책임감은 건강한 사람이라면 누구나 가지는 것이고, 가져야 하는 것이다. 그래야 나와 타인을, 서로를 지킬 수 있다. 아무나 해치지 않고, 약속을 지키고, 신중해지는 것이다. 건강한 책임감은 의무와 권리가 동시에 있을 때 가능하다. 부모는 특히 아이의 권리를 잊고 아이가 해야 하는 의무에 관심이 집중되어 있을 때가 많다. 아이는 부모에게서 받을 것이 많은 존재라는 사실을 잊지 않아야 한다. 할 수 있는 것과 할 수 없는 것을 식별하여 자신의 힘을 적절하게 분산할 수 있는 방법을 알려 줌으로써 자신감을 키워 주는 것은 부모의 책임이다.

화가 난 원인은
화가 난 사람이 말하게 한다

한 국가의 문화가 사람들의 심리에 영향을 미친다는 것은 공공연한 사실이다. 사람들의 심리를 이해하기 위해서 그 나라의 문화적·사회적 분위기를 연구하여 심리학에 접목하는 학문도 생겨났다. 특정의 문화권에서만 나타나는 부적응적인 이상행동들도 있다. 이를 문화특수적 증후군이라고 한다.

이를 테면 Koro라는 증후군은 남근이나 고환이 신체 안으로 빨려들어가 죽을지도 모른다는 불안 증세인데, 말레이시아가 기원으로 추정되며 동남아시아와 중국에서 자주 발견되는 문화특수적 증후군이다. 우리나라에서 고유하게 나타나는 문화특수적 증후군으로는 화병과 신병, 가해의식형 사회공포증 등이 있다.

우리나라의 문화적 특수성을 부모가 알아야 하는 이유는 내 아이가 한국 사회에서 살고 있고 앞으로도 살아야 하기 때문이다. 한국 사회가 던지는 무수한 정신병리와 이상행동의 원인들을 부모가 앞서 차단·예방하고 한국 사회의 부정적 문화가 아이들에게 최대한 영향력을 미치지 않게 하기 위해서이다.

한국 문화는 대인 관계를 중시하는 상호 의존적 문화라고 할 수 있다. 서구권이 개인주의 문화라고 한다면 동양권은 집단주의 문화인데, 특히 한국은 '정', '우리'에 대한 관념이 상당히 강하다. 이처럼 강한 집단주의 문화권에서 자라난 사람들은 타인을 인생의 중점에 둘 수밖에 없고, 타인에게 관심과 애정을 받을지, 거부당하고 소외감을 느낄지에 대해 관심이 많다. 이는 대인 관계에서 스트레스 요인으로 작용한다.

특히 우리는 직접적인 의사소통 방식 대신에 간접적인 의사소통 방식을 선호한다. 그것이 겸손과 미덕이 되기도 한다. 그러다 보니 자연스레 감정을 억제하는 문화가 자리 잡았다. 감정을 직접적으로 말하면 성숙하지 못한 사람처럼 여기는 사람이 많아서 우회적이고도 간접적으로 감정을 표현하다 보니 감정 처리에도 미숙하다.

뿐만 아니라 간접적인 의사소통 방식으로 인해 다른 사람의 의도와 마음을 짐작하고 추리해야 하는 상황도 자주 발생한다. 한마디로 눈치문화가 발달해 있다. 남의 마음을 미루어 짐작하고, 그 과정에서 말한 사람의 의도와는 상관없이 나만의 주관적 오해와 피해의식이 생겨난다.

이는 가족 문화에서도 발견할 수 있다. 아이가 마음에 들지 않는 행동을 하거나 부모를 화나게 했을 때, "네가 무슨 잘못을 했는지 말해봐!"라고 말하는 부모가 종종 있다. 마치 남편에게 화가 난 아내가 무슨 잘못을 했는지 당신의 잘못을 당신 입으로 직접 듣겠다고 잘못한 것을 말하라고 추궁하는 것과 마찬가지이다. 그러면 아이는 자기가 무슨 잘못을 했는지 엄마가 듣고 싶어 하는 말을 찾아내느라 진땀을 흘린다. 도무지 무슨 잘못을 했는지 모를 때는 모른다고 또 혼이 난다.

이러한 질문을 할 수 있는 상황은 아이가 잘못을 저지른 직후이다. 이때는 아이가 자신의 잘못을 인지할 확률이 높기 때문에 너의 잘못된 행동을 돌아보라는 의미로서 던질 수 있는 질문이다. 또한 폭력, 욕설, 도둑질 등 누가 봐도 잘못된 행동을 했음이 틀림없을 때도 할 수 있다.

똑같은 상황에서 누군가는 잘못된 일이 아니라고 할 수 있는 일이라면 부모의 감정적 문제이다. 그러므로 엄마가 화가 났음을 아이에게 인지시키기 위해서 하는 질문이라면 상당히 부적절하다. 내가 왜 화가 났는지 맞혀 보라는 식의 질문이기 때문이다.

화가 난 원인은 화가 난 사람이 말해야 한다. 내가 왜 화가 났는지 화가 난 사람이 분명히 말해야지, 상대방에게 내가 왜 화가 났는지 짐작하라고 하는 것, 그것도 내 마음에 들게 말하라는 것은 납득하기 힘든 요구이다.

이처럼 미루어 짐작해야 하는 가정 안팎의 문화 속에서 아이들은 불안해지고, 우회적이고도 간접적인 의사소통 방식으로 인해 감정적 위기감을 겪는다. 그래서 사회공포증을 앓는 아이들이 점점 늘어나고 있다. 우리나라에서 보이는 사회공포증의 독특한 점은 내가 상대에게 피해를 줄지도 모른다는 가해의식형 사회공포증과 사람을 대하기 두려운 대인공포증이다.

자신이 피해를 입을까 봐 생겨나는 것이 사회공포증인데, 내가 남에게 피해를 줄까 봐 사회공포증을 앓는다. 서구권은 주로 어떠한 특정 상황에서 사회공포증을 느끼는 사람이 많은 데 비해 우리나라에서는 상황보다 사람을 더 무서워하는 대인공포증으로 나타난다. 가해의식형 사회공포증과 대인공포증은 일본, 중국에서도 나타나는 특성이다. 동양 3국 극동문화권에서 이러한 특성이 나타난다는 것은 사람들을 억압하는 공통의 문화가 있다는 뜻일 것이다. 체면문화, 눈치문화, 서열문화 등으로 좁혀 볼 수 있다.

아이들이 겪게 될 문제, 이미 어른들이 사회에서 겪고 있을 문제들을 막고 또 해결하기 위해서는 독특한 한국 문화가 던지는 문제들을 좀 더 의식화하고 해결 방안을 몸소 실천해야 한다. 부모처럼 아이도 병폐적인 문화의 피해자가 되지 않도록….

체면문화 때문에 힘든 것을 힘들다고 표현하지 못하면서 살았다면, 남들의 눈에 좋게 보이고 싶어서 괜찮지 않은데도 괜찮은 척 아팠다면 아이들만큼은 그것에서 자유로운 어른이 되도록 우리가 앞장서야 한다. 아이의 감정을 이해하고 안아 줌으로써 어떤 감정이든 표현할 수 있도록 허용해야 하며, 그것을 행동으로 옮길 때만 조심하라고 가르쳐야 한다.

사람들 눈치를 보느라 힘들었다면, 저 사람이 인상을 쓰고 있는 것이 나 때문인 건 아닌지 걱정하느라 마음을 쓰는 일이 많았다면 간접화법 대신 직접화법으로 아이에게 말하는 것을 습관화해야 한다. 아이가 남의 마음을 미루어 짐작하느라 혼란스럽지 않도록 에둘러 말하는 것을 멈추고 분명하고 직접적으로 부모의 마음과 의사를 표현하는 것이다.

서열문화로 인해 직장에서, 사회에서, 군대에서 충분히 힘들다. 그러므로 이러한 문화에 아이들이 길들여지지 않도록 어른들이 문화를 개선해야 한다. 가정에서 공평한 발언권을 허락하는 것으로서 아이도 어른과 동등하다는 것을 알려 주는 것이다. 공평한 발언권이란 발언자로서 위치의 대등함과 시간의 공평함을 의미한다.

많은 부모가 민주적으로 아이를 대한다고 하지만, 화난 엄마 눈을 똑바로 보고 이야기하는 아이를 야단치는 엄마가 많다. 자신의 의견을 말하는 것에 대해 버릇없다고 여기는 권위주의적인 아버지도 여전히 존재한다. 아버지, 어머니, 자식 순으로 내려오는 위계에 대한 의식구조부터 바꿈으로써 사람과 사람 사이에 역할 구분은 있어도 서열은 없다는 것을 가르쳐야 한다.

부모가 혼란스러운 의사소통 방식을 사용하고 있다면 바꿔야 한다. 이러한 의사소통을 주로 사용하면 정신분열증이나 그와 유사한 장애가 발생한다고 주장하는 학자가 많다. 베이트슨(Bateson)과 동료들이 주장한 '이중구속이론'에 따르면 부모의 상반된 의사전달 방식이 정신분열증 유발에 영향을 준다고 한다. 상반된 의사전달 방식이란 동일한 사안에 대해서 부모 중 한 사람이 다른 시기에 전혀 상반된 의사를 전달하거나, 동일한 사안에 대해 부모 각자가 서로 상이하게 지시하거나 설명하는 것을 말한다.

애매하고 불명확한 생각을 전달하는 불분명한 소통 방식과 단편적이면서 논리적인 설명이 부족한 비논리적 소통 방식은 정상적이고 합리적인 사고와 의사소통을 방해함으로써 정신분열증 환자의 발병에 영향을 미친다는 주장도 있으며, 혼란스러운 의사소통을 하는 가족에게서 정신분열증뿐만 아니라 양극성 장애 등도 나타난다는 보고가 있다.

정신분열증, 양극성 장애라고 하면 가장 최악의 정신 장애로 느껴질 것이다. 부모가 아무렇지도 않게 사용해 왔던 소통 방식이 마음의 병까지도 만들어 낼 수 있다고 생각하면 부모의 말 한마디 한마디가 얼마나 신중한 상태에서 이루어져야 하는지 정신이 번쩍 들 것이다.

부모는 하나의 사안에 대해 서로 합의한 상태에서 동일한 메시지를 주고, 아이가 적극적으로 자신의 의견을 피력할 수 있는 기회를 허락하는 것만으로도 아이를 정신적으로 건강하게 키울 수 있다. 아주 사소해 보이지만 아주 중요한 부분이다.

말 한마디로 아이를 정상과 이상의 기로에 서게 할 수도 있다면 부모의 혀는 가장 날카로운 칼이 될 수도, 가장 따뜻한 방패막이가 될 수도 있을 것이다.

감정적으로 독립된
아이로 키우는 방법

아이에게 도움이 되고자 책을 읽고, 아이를 바르게 키우고자 가르치는 것은 아이가 성인이 되어 부모를 떠나서도 잘 살게 하기 위해서이다. 좋은 성인이 될 것에 대한 열망이자, 자녀의 독립된 삶을 위한 준비운동 같은 것이다.

물리적 독립은 감정적 독립을 이룬 후에 성공할 수 있다. 감정적 독립을 이루지 못한 사람들은 연애에서는 의존적이거나 회피적 성향을 보이고, 결혼 생활에서는 아이가 되어 배우자에게 나를 돌봐 달라고 떼를 부리게 된다. 그렇다면 아이를 감정적으로 독립하게 하려면 어떻게 해야 할까?

영국의 정신의학자인 존 볼비(John Bowlby)는 어렸을 때 애착 형성이 제대로 이루어지지 않으면 그 후유증이 평생 갈 수 있다고 했다. 불과 한두 살의 아기인데도 사랑을 받지 못하면 가장 먼저 신뢰를 잃어버린다. 신뢰가 제대로 형성되지 않으면 자라면서도 분리불안, 우울증, 주의산만, 고립과 은둔 등으로 유대감이나 친밀감을 쌓기 힘들어진다.

애착은 아이와 부모 사이의 결속을 뜻한다. 애착은 생물학적으로는 아이의 생존을 위해 필요하고, 심리학적으로는 아이의 안전감을 위해 필요하다. 안정된 애착의 기본 요건은 지속적인 안정감, 가까워지고자 하는 마음 그리고 감정적 규제를 들 수 있다. 이를 통해 아이는 타인들과 결속할 수 있게 되고, 그렇지 못한 아이는 이후에 반사회적 행동을 하거나 다른 사람과 조율을 제대로 하지 못해 관계에 부정적 영향을 끼치게 된다.

애착은 아동의 전반적인 발달과 학습, 정서, 사회성 등에 영향을 미친다. 안정된 애착을 경험한 사람은 자신만의 고유한 가치를 발견하고 자신이 괜찮은 사람이라고 생각하기 때문에 건강한 자존감을 갖는다. 인생을 소중하게 여길 줄 알며 어려움에 처해도 다시 일어날 수 있고 자기 비하에 빠지거나 자기 폭력적인 행동을 하지 않는다. 애착은 부모가 아이에게 줄 수 있는 최고의 선물인 것이다.

애착을 선물로 받은 아이는 누군가와 가까워지기 위해 자기 자신을 다른 사람으로 만들려는 노력을 하지 않는다. 있는 그대로 사랑받았으므로 사랑받기 위해 자신을 굳이 포장할 필요가 없다. 안정된 애착을 경험했기에 누가 다가와도 물러나거나 도망가지 않는다. 집착하거나 의존하지도 않는다. 건강하게 함께 사는 법도, 건강하게 홀로 서는 법도 알고 있다. 건강한 사랑을 할 수 있다.

아이가 애착을 느낄 수 있도록 부모는 따뜻한 말을 건네는 것도 좋지만 눈에 보이는 것으로 증명해야 한다. 사랑한다는 말은 실재하지만 실체가 부족하다. 그래서 아이를 사랑한다는 것을 온몸으로 보여주어야 하는 것이다. 외로울 때, 쓸쓸할 때, 화가 났을 때 우리는 누가 다정히 안아 주기를 원한다. 두 손을 꼭 잡아 주었으면 싶다. 아이도 마찬가지이다.

아이는 혼자가 아니라는 느낌, 사랑받는다는 느낌을 몸으로 확인하고자 하는 존재이다. 아이가 실망하거나 울고 있을 때는 따뜻한 말만 해 주는 것보다 손을 잡아 주거나 꼭 안아 주는 것이 좋다. 말은 따뜻하게 하면서 몸은 멀찍이 떨어져 있다면 진심을 전달할 수 없다.

타인에게 감정적으로 의존하는 사람들은 자신을 사랑하는 데 타인의 승인과 관심을 필요로 한다. 때로는 비합리적일 정도로 타인에게 버림받을까 봐 두려워한다. 대인 관계에서도 을이 되기 십상이다. 상대가 나를 존중하지 않아도 관계의 질보다 관계를 유지하는 것에만 연연한다. 연인이 자신을 버릴까 봐 두려워하면서도 집착이 심하다. 인간관계에서도 독점욕이 강하다.

이러한 감정적인 욕구는 절대 채워지지 않는 구멍 난 항아리와 같다. 아무리 물을 부어도 차지 않는 항아리를 보며 자신을 비하하고 자신의 가치를 의심하고 급기야 자신을 완전히 잃기도 한다. 거부당하고 버림받았다고 느낀다. 감정적인 공허함, 만성적인 불안감과 이로 인한 우울증의 악순환을 경험한다. 이는 모두 자존감이 건강하지 못한 사람들의 특성과 상당 부분 겹친다.

감정적 의존이 심한 사람일수록 건강하지 못한 자존감을 갖고 있을 확률이 높다. 충분한 애착을 주었다고 해서 무조건 건강한 자존감을 갖는 것은 아니다. 부모와의 애착 관계는 좋지만 기타 타인들과의 애착 관계가 좋지 못할 가능성도 있기 때문이다. 기타 타인이란 아이의 주변에서 아이에게 중요한 영향을 미치는 사람들이다. 이를 테면 가까운 친인척, 교사, 친구들이다.

아이의 건강한 자존감 확립의 요건에는 부모와의 관계뿐만 아니라 중요한 기타 타인들과의 좋은 관계도 포함된다. 아이의 학교생활, 친구 관계 등을 유심히 관찰해야 하고 문제가 생겼을 때는 시의적절한 도움을 줄 수 있어야 한다.

건강한 자존감을 위해서는 관계뿐만 아니라 자기효능감을 키워 주는 것도 중요하다. 자기효능감이란 어떤 과제가 주어지거나 문제가 놓였을 때 이를 수행할 수 있다는 자신감을 말한다. 해당 나이와 학년에 걸맞은 학습능력을 어느 정도 갖추어야 자기효능감에도 긍정적인 영향을 줄 수 있다. 학습부진아이거나 학습저능아의 경우 과제뿐만 아니라 학교생활 자체도 적응하기 힘들다. 따라서 너무 앞서 나가는 진도는 아이에게 부담이 되고 스트레스가 되니 학년에서 필요로 하는 학습능력 정도만 갖추게 해도 충분하다.

자기효능감을 위해서는 한 번 넘어지고 실패한 것에 대해 다시 한 번 더 도전할 수 있는 끈기가 필요하다. 갖추어야 할 것도, 필요한 것도 많다. 우리의 심리적 자원과 능력, 심리적 상태는 모든 요소가 촘촘하게 연결되어 있기 때문에 하나가 하나를 채우고 또 하나가 하나를 채우는 식이다. 하나가 빠졌을 뿐인데도 다른 요소들까지 제대로 돌아가지 않고, 그 빈 부분이 지나치게 클 때도 있다. 인간의 마음이란 단편들의 총합이자 복잡한 지지체계 간의 끊임없는 상호 작용의 결과물인 것이다.

종합해 보면, 감정적으로 독립된 존재가 되기 위한 영양제에는 애착, 자존감, 끈기가 있다. 부모는 평소에 공감과 포옹, 격려의 말로 아이라는 묘목에 매일매일 물을 주어야 한다. 그 밖에 아이의 감정적 독립을 위한 몇 가지 지침을 소개하겠다.

첫째, 아이와 아이 자신의 일을 의논한다. 해결책을 함께 모색하고 아이 스스로 의사 결정을 할 수 있게 하고, 부모가 적절하게 대응 방안을 제안한다. 아이의 궁금증에는 빠르게 답해 준다. 간혹 가정의 중요 의사 결정에도 아이의 의견을 묻는다. 아이도 가정의 중요한 일원임을 인식시키는 것이다.

둘째, 아이의 긍정심과 긍정적 자기인식을 갖게 하기 위해 노력한다. 아이와 서로의 장점을 나누는 시간을 갖는다. 서로에게 장점 리스트를 만들어 준다든지, 하루에 한 가지씩 아이의 장점을 발견하여 이야기해 줄 수도 있다. 아이의 책상 앞에 장점을 적어 주어도 좋고, 나무 하나를 아이의 나무로 키우면서 거기에다 장점 카드를 하나씩 걸어 놓아도 좋다. 사진을 보면서 아기에서부터 지금까지 예뻤던 기억들을 이야기해 주어도 좋다.

방법은 얼마든지 창의적으로 만들어 낼 수 있다. 부모가 말해 주는 아이의 좋은 점은 아이의 귀로 들어가 아이의 마음에 저장되고 이것은 중학생 이후에 쓰게 될 인생대본의 토대가 된다. 앞으로의 자기 인생을 희망적으로 바라볼 긍정적 인생대본을 쓰게 될 것이다.

마지막으로 부모 자신을 사랑하고 잘 보살펴야 한다. 다른 사람들을 보살피느라 가장 중요한 존재인 나 자신을 망각하면서 아이에게는 너 자신을 사랑하라고 말하는 것은 전혀 설득적이지 않고 어색하다. 부모 자신을 위해 돈을 쓰지 않고, 여가를 즐기는 것에 대해 죄책감을 갖는 모습을 보인다면 아이가 자신을 위해 무언가를 하는 것도 무언가 잘못된 것이라 여길 수 있기 때문이다.

아이들이 부모 품을 떠나 각자의 인생을 꾸릴 때, 부모가 성인이 된 아이들을 심정적으로 의지하게 될 때 미안한 마음이 들지 않도록 아이가 어린 지금 아쉬움 없이 부모에게 마음껏 의지할 수 있도록 해 주는 것이 부모가 할 수 있는 최선이다.

엄마에게도 성장한다는 느낌이 필요하다

　오랜 시간 많은 전문가가 감정과 질병, 기분과 건강 간의 관계를 연구해 왔다. 그 결과 다양한 메커니즘을 통해 감정이나 기분이 건강에 영향을 미친다는 사실을 알아냈다. 예를 들면 좋은 기분은 감기로부터 우리를 보호하는 1차 항체 면역 글로빈 A의 분비를 촉진한다. 전문가들은 불쾌한 감정과 기분, 전망을 가진 사람들이 감기에 더 쉽게 걸리고 심각한 질병에 대한 저항력이 더 낮다고 지적한다.

　문제는 우리가 의식적으로 좋은 기분을 갖겠다거나 의지로 긍정적인 감정만 갖겠다고 다짐한다고 해서 성공할 수 없다는 것이다. 그런 것이 생각과 다짐만으로 가능하다면 세상에는 정신 장애를 겪는 사람도, 마음이 아파 힘든 사람도 없을 것이다. 감정과 건강은 서로 긴밀히 연결되어 있다. 감정만 건강에 영향을 미치는 것이 아니라 건강 또한 감정에 영향을 미친다. 아픈 사람들을 살펴보면 짜증과 화가 많고 불안감, 우울증의 증세를 쉽게 보이는 것을 알 수 있다.

결혼을 하면 친구들은 하나둘 사라지고 아이가 초등학생이 되기 시작하면 주변에는 아이와 같은 반 아이의 엄마들이 넘친다. 그들은 좋을 때는 아군이지만 어느 순간 적군으로 돌변할지 모르는 존재이다. 함께 있는 시간도 상당히 피곤하다. 그들에게 마음을 쉽게 털어놓는다는 것은 때로는 모험이다. 뜨겁던 남편과도 대화할 시간도 마음도 없을 때가 있다. 남편만 보면 화가 나니 얼굴을 보지 않는 편이 낫기까지 하다. 그렇다고 친정이 가까이 있는 것도 아니다. 아이에게 내 감정을 토로하자니 아이는 아직 어리고 괜히 엄마 노릇을 못하는 것 같다. 그러면 엄마는 도대체 어디에, 어떻게 자신의 감정을 쏟아 내고 정화할 수 있을까?

감정을 정화하기 위한 가장 좋은 방법은 감정일기를 쓰는 것이다. 나와 수다 떨어 줄 사람이 없으니 내가 나와 수다를 떨어 주는 것이다. 감정일기에는 어떤 자극이 있었고, 그때의 느낌과 감정은 어떠했으며, 내가 취한 반응과 기분이 나아질 방법 등을 적는다. 감정을 날씨나 맛, 색깔 등으로 비유해도 좋다. 어떤 기분이 들었을 때, 어떤 상황을 겪었을 때 듣고 싶었던 말을 내가 나에게 해 주는 것은 가장 본원적인 위로의 방법이자, 어떤 원색적인 기분을 써 놓아도 눈치 보거나 염려하지 않아도 되는 가장 평화로운 방법이기까지 하다.

　감정 건강을 위해서는 뇌의 건강에도 신경을 써야 한다. 엄마가 되면 편하게 밥을 먹지 못한다. 누가 밥상을 대신 차려 주었으면 싶다. 아이들에게는 좋은 것을 먹이고, 좋은 식단을 차려 주면서 엄마는 그냥 대충 먹고 만다. 건강한 밥상을 위해 가장 애쓰는 사람이 엄마이면서 가장 초라한 식탁의 주인공도 엄마이다. "식단이 좋지 않으면 약을 먹어도 소용이 없고 식단이 좋으면 약도 필요 없다."는 외국의 속담이 있다. 우리 신체는 전부 뇌의 기능에 의지하므로 뇌가 필요로 하는 영양분을 제대로 섭취하지 않는다면 에너지가 부족한 것은 물론 짜증과 피로를 느끼게 되고 몸이 아플 수도 있다.

　건강한 식단은 건강한 뇌에 영향을 미치고, 건강한 뇌는 행복에 영향을 준다. 아이들을 위한 식탁 말고 엄마 자신을 위한 식탁도 차려 보자. 그런데 때로는 아무리 나를 위한 것이라지만 애써 식탁을 차리는 것에도 에너지가 소모되고 귀찮기만 하다. 식단을 제대로 차려 먹을 수 없다면 영양제와 비타민으로 부실한 식탁을 보충하는 것도 하나의 방법이 될 수 있다.

　평소에 감정을 관리하고 나를 위한 좋은 식단을 차렸다면 적당한 운동을 해서 감정과 잘 교류하는 몸을 만들어 준다. 육아와 살림에 지친 엄마들, 하루에 8시간 이상 책상에 앉아 일하는 워킹맘들은 하루 30분만이라도 짬을 내어 운동을 하는 것이 좋다. 특히 가만히 앉아서 8시간

이상 일하는 것은 몸에 반드시 악영향을 주므로 점심시간에 잠깐 짬을 내어 걷기를 추천한다. 아빠는 퇴근 후에 직장의 스트레스를 수영이나 헬스 트레이닝으로 바깥에서 털어 버리고 집에 들어오면 더할 나위 없이 좋다. 그래야 제2의 직장인 가정으로의 출근에서도 새로운 감정으로 가사에 동참하고 가족과 좋은 시간을 보낼 수 있다.

대부분의 운동이 건강에 좋겠지만 이왕이면 건강한 뇌를 위한 운동을 하면 바쁜 시간을 운동에 할애하는 데 동기부여가 된다. 뇌를 위한 최고의 조건은 규칙적으로 최소 40여 분 유산소 운동을 하는 것이다. 물리치료과학 저널의 최근 연구에 따르면 심한 우울증 상태에 놓인 사람들을 대상으로 열흘 동안 30분 이상 러닝머신을 걷게 한 결과 우울증이 상당 부분 감소했다. 이는 혈류가 증가하면서 뇌에 에너지와 산소를 공급하기 때문인 것으로 여겨진다.

엄마들은 육아와 자녀교육에 지쳐 자칫 우울감과 우울증에 빠질 위험성이 높기 때문에 유산소 운동이 가장 필요하다. 과격한 운동으로 더 큰 에너지를 소모하는 것보다 가벼운 산책과 걷기 정도를 추천한다. 산책과 걷기는 자연과 함께 할 때가 많으므로 힐링할 수 있을 뿐만 아니라 더 깊게 사고할 수 있게 해 준다.

엄마가 되면 심리적으로 재탄생한다. 세상에 태어나 적응하는 아이도 혼란스럽지만, 엄마라는 새로운 정체성에 나를 맞추는 것도 혼란스러운 일이다. 그에 적응하느라 다른 데 눈 돌리지 못하고 자기계발적인 삶은 점점 더 멀어져만 간다. 사회인으로서의 정체성을 잃고 자기 유능감도 사라진다. 이는 엄마의 건강한 마음에 전혀 도움이 되지 않는다. 요즘은 인터넷으로도 얼마든지 원하는 수업을 듣고 교육을 받을 수 있다. 엄마들이 딸 만한 자격증도 많다.

사회인으로서, 또 자아를 실현하는 인간으로서의 정체성을 회복해야 내 안의 다양한 자아를 만족시킬 수 있으며 그것이 결국 정신 건강에도 이롭다. 점점 더 발전하고 성장하고 있다는 느낌은 아이뿐만 아니라 엄마인 내게도 필요한 것이다.

풀타임으로 아이를 돌보는 엄마도 그 이상의 목표와 이상이 있어야 미래가 좀 더 희망적일 수 있고 삶의 활기를 되찾을 수 있다. 엄마가 자기효능감과 성취감을 느낄수록 아이에게 긍정적 영향을 미친다. 무언가를 배우는 시간과 기회를 가지고 그를 통해 자신만의 일을 찾는 것은 육아 중에도 나를 잃지 않고 나와 가족 사이의 균형을 이루는 일이다.

친구 같은 부모가 아니라
부모 같은 부모가 필요하다

친구 같은 아빠, 친구 같은 엄마가 되고 싶다는 포부를 밝히는 부모들을 자주 만난다. 아마도 권위주의적이지 않고 대등한 관계에서 아이와 소통하고 싶다는 뜻일 것이다. 아이를 즐겁게 해 주고, 아이의 비밀을 들어 주고, 아이의 동조자가 되었다가 조언자가 되는 것, 이런 모습들이 친구 같은 부모의 모습일 것이다.

그런데 딱 거기까지만 해야 한다. 그 이상을 넘어가면 건강한 부모와 자녀 관계에 금이 가기 시작한다. 왜냐하면 부모와 자식 사이가 우정으로 맺어지면 조종을 시도하는 관계, 존중이 사라지는 관계로 관계의 질이 떨어질 수 있기 때문이다. 부모가 먼저이고, 그 다음이 친구이다. 무엇보다 아이에게는 이미 친구 같은 존재를 넘어 진짜 친구가 여럿 존재한다. 아이에게는 부모까지 친구일 필요가 없다. 친구 같은 부모라는 것은 어쩌면 아이보다 부모의 필요일지도 모른다.

친구는 지위의 대등함뿐만 아니라 역할의 대등함도 포함한다. 그래서 친구 같은 부모를 표방하는 부모들 중에는 중요한 의사결정을 아이에게 모두 맡기고 아이가 스스로 책임을 지게도 만든다. 놀랍게도 아이를 시기·질투하고, 아이와 경쟁하는 등 부모로서의 역할에 혼미함을 느끼는 부모들도 있다. 여러 사건, 사고를 통해 옛날 권위주의적이던 아버지들보다 오늘날의 아버지들이 아이에 대해 책임감을 덜 느끼고 방치하고 학대하고 버리기까지 하면서 자신의 역할을 인지하지 못하는 모습도 볼 수 있다.

아이에게는 자기가 어떻게 하는지 두고 보는 친구가 아니라 자신의 모든 것을 맡길 수 있는 부모가 필요하다. 때로는 권위를 가지고 자신을 가르치고 훈계하는 가장 가까운 어른 말이다. 자신의 삶에 질서를 그려 놓고, 그 질서 안에서 적응하며 사는 방법을 알려 주는 보호자, 자신의 거울이 되어 주는 리더가 필요하다. 친구처럼 언제든 자신을 등질 수 있고, 지나친 관심도 없고 사심도 없는 사람이 아니라 관심과 사심으로 똘똘 뭉쳐진 한계 없는 애정을 가진 지원자이자 지지자, 인생의 가이드인 부모가 필요하다. 그러므로 친구 같은 부모가 아니라 부모 같은 부모가 되는 꿈을 꾸어야 한다.

엄격한 것과 억압하는 것은 다르다. 좋은 부모가 되려면 엄격한 부모로서 아이에게 기준을 세워 주어야 한다. 분명한 도덕과 윤리관을 심어 주는 것이다. 옛날 부모들이 엄격했던 것은 부모보다 더 혹독한 사회에 아이들을 적응시키기 위해서였다. 최소한의 엄격함은 사회의 혹독함에 대한 완충제 같은 것이었다. 이는 아이에게 의존하고 싶은 부모의 감정적 갈등까지도 막아 줄 수 있다.

냉혹하고 억압적인 부모가 아닌 엄격하고 권위를 갖춘 부모가 되기 위해서는 가정에서 규칙을 세워야 한다. 친구를 만나러 갈 때는 미리 알리기, 서로의 방에 들어갈 때는 노크하기, 공동의 물건을 쓴 후에는 제자리에 가져다 놓기, 책상은 스스로 정리하기 등의 규칙이 필요하다. 가족회의를 통해 규칙을 정하는 것은 민주적인 방법이자 아이를 존중하는 것이며, 권위주의를 타파하고 부모가 진짜 리더의 모습을 보여 주는 실례가 된다. 물론 부모도 당연히 이 규칙을 함께 지켜야 한다. 가정에서 아이가 규칙을 지킴으로써 앞으로 사회에서도 규칙을 지키며 사회인으로서 기능할 수 있는 자질을 갖추게 된다.

규칙을 세웠으면 여기에는 융통성이 없음을 분명히 한다. 규칙은 어떠한 경우에도 지키는 약속으로 정해야지, 어떨 때는 지키고 어떨 때는 지키지 않으면 규칙이라 할 수 없다. 이러한 규칙은 아이가 어렸을 때 더 잘 세우고 더 잘 지켜야 한다. 어렸을 때는 어떤 행동이든 허용해 주다가 조금 컸다고 갑자기 규칙을 세워 지키라고 하면 부모도, 아이도 서로 힘들어진다. 어릴 때는 규칙을 많이 세우다가 아이가 커 갈

수록 자율을 더 많이 허용하고 규칙을 줄여 나가야 하는데 많은 부모가 이 과정을 거꾸로 하니, 자율성이 중요한 청소년 시기에 아이가 더 스트레스를 받게 된다.

아이가 무엇을 갖고 싶다고 말하거나 생떼를 쓰면 부모는 단호하게 너를 사랑하지만 모든 것을 다 들어줄 수 없음을 분명히 해야 한다. 모든 것을 다 갖게 해 주는 것이 사랑이 아님을 가르쳐야 한다. 아이의 권리를 존중하는 것과 원하는 것을 언제든 손에 넣을 수 있도록 해 주는 것은 차원이 다른 문제다. 아이가 다른 사람의 형편을 존중하는 것을 알게 되는 것과 자기 자신만을 알게 되는 것이 다른 것처럼….

권위 있는 부모가 되기 위해서는 부모가 반드시 아이를 대신해서 결정해야 하는 부분이 있음을 아이에게 이해시켜야 한다. 중요한 결정은 친구가 아니라 부모이기에 대신 할 수 있는 것이다. 그것은 아이의 권리이기도 하다. 선택 앞에서 어른들도 때로는 남이 대신 결정해 줬으면 좋겠다 싶을 때가 있을 만큼 무언가를 결정하고 선택한다는 것은 부담스러운 일이다. 믿을 만한 누군가가 나를 대신해 결정해 주는 것은 아이이기 때문에 누릴 수 있는 특권이다.

자율, 자기주도, 독립, 아동 권리 등의 단어가 보편화되면서 선택권을 아이에게 넘기는 것이 마치 자율이며 아이를 존중하는 것처럼 오도되곤 한다. 선택권을 넘기는 것이 아니라 선택할 수 있도록 보기를 주어야 아이를 아이답게 대하는 것이며, 그것이 아이를 더 존중하는 것이다.

아이에게 선택권을 넘겨줬는데 그것이 잘못되면 아이는 대체 부모는 어디에 있었는지 묻게 될 것이다. 때로는 인생이 주관식 답이라면 객관식보다 더 자유로울 것 같지만, 주관식 문제를 막상 접하면 몽롱해지면서 누가 보기를 제시해 주기를 바라게 되는 것이 인간의 마음이다. 아이에게는 더더욱 문제들이 객관식이어야 한다.

이 모든 과정은 투명하게 진행되어야 한다. 부모에게 일어나는 모든 일을 아이가 알게 할 필요는 없지만, 이미 알게 된 부모의 일에 대해서는 솔직하게 아이에게 이야기해 주고 가정의 대소사에도 가끔 참여시킴으로써 가정의 일을 아이와 공유하는 과정도 필요하다. 이는 서로 간에 신뢰를 쌓는 동시에 아이만 어른에게 배울 것이 있는 것이 아니라 서로에게 배울 것이 있음을 아이에게 가르치는 것이다.

'친구'와 '친구 같은'은 근본적으로 다르다. 부모가 아무리 친구 같다고 해서 친구에게 털어놓을 비밀을 부모에게 털어놓지는 않는다. 유사함은 동일함을 결코 따라갈 수 없다. 많은 부모가 아이가 중학생이 되고 머리가 좀 커지면 친구 같은 부모가 되려고 노력한다. 하지만 그때에도 아이에게는 여전히 부모가 필요하다. 밖에 나가면 친구는 널리고 널렸으니까….

자기조절력을 키우는 방법

"제 친구는 음식도 잘 하고, 아이들 놀이도구도 잘 만들고, 아이들한테 책도 잘 읽어 주고… 아이들을 위해 못하는 것이 없어요. 그 친구를 볼 때마다 나는 이게 뭔가 하는 생각이 들어요. 저는 아이들한테 밥 차려 주는 것도 너무 힘든데 말이에요."

한 엄마가 이러한 넋두리를 했다. 그런데 그녀가 대단하다고 말한 친구는 전업주부였고, 그녀는 워킹맘이었다. 아이들을 위해 할애할 시간이 많은 사람과 그렇지 못한 사람은 할 수 있는 일의 범위와 역량에서 차이가 나는 것이 당연하다. 일도 하고, 퇴근 후 완벽하게 식탁을 차리고, 잠자리에 들기 전까지 아이들에게 책도 읽어 주고 놀이도

구도 만들어 주면 그건 로봇이지 인간이 아니다. 그러다가는 금세 늙는다. 몸이든, 마음이든, 영혼이든 바싹 마를 수밖에 없다. 그것도 남들보다 아주 빨리….

누군가와 비교하려면 같은 조건에 있는 사람과 해야 그나마 건강할 수 있다. 좋은 부모를 두지 못했던 사람이 좋은 부모 밑에서 자란 사람의 양육 태도를 보면서 부러워하고 자책하는 것은 건강한 비교가 아니다. 상처가 많은 어린 시절을 보낸 사람이 무난한 어린 시절을 보낸 다른 부모를 보며 자기는 왜 이것밖에 안 되는가를 생각해서는 안 되는 것이다. 뱁새 부모가 황새 부모를 따라가려 애쓰다 보면 부모도, 아이도 지쳐 쓰러지게 되는 것은 자명하다.

이 세상에 스트레스가 없고 가장 이상적인 양육 방식은 없다는 것을 인정해야 한다. 사실 이미 알고 있지만 남의 양육 방식을 흉내 내고 힘이 달려도 도전해 보는 것이다. 그러다가 안 되면 내 아이가 그 집 아이만큼 잘나지 않아서 그런 것은 아닐까 괜스레 아이에게 눈 흘기고 아이에게 화를 내기도 한다. 이런 말 못할 양육 경쟁은 부모에게 엄청난 스트레스가 되고, 자기조절의 문제를 일으킨다. 이렇게 되면 아이가 주는 스트레스에 부모는 휘둘리고 휘청거릴 수밖에 없다.

스트레스의 정도와 부모의 자기조절력에 따라 아이를 대하는 부모의 태도는 달라진다. 아이는 어리둥절할 것이다. 같은 상황에서 엄마가 어제는 그냥 넘어갔는데 오늘은 화를 내고 있으니…. 내 조절력도 어찌

할 수 없고, 손쓸 수 없을 정도로 엉망진창인데 아이에게는 자기조절력을 기르라고 하는 것도 민망하다. 그렇다고 나도 엉망, 너도 엉망일 수는 없으니 자기조절력을 기르기 위해 꾸준히 연습해야만 한다. 연습하다 보면 10분 동안 이성을 잃을 것을 5분만 화내고, 또 자꾸 연습하면 곧장 침착하고 평온한 상태로 돌아오게 되는 기적도 체험할 수 있다.

아이러니한 점은 자기 자신을 통제하기 힘든 사람은 남을 통제하려는 욕구가 강하다는 것이다. 무능한 상사가 권위적이고 직원들을 통제하며 못 살게 구는 것도 이 때문이다. 유능한 상사는 자기 일 하느라 바빠서 남을 통제할 여유도 의지도 없는데, 무능한 상사는 유능한 직원들을 통해 자신의 과업을 이루려 한다. 그러니 최선을 다해 남을 통제하는 것이다. 남을 통제하다 보면 강탈자가 되기 십상이다.

그렇다면 나 스스로를 잘 통제하고 자기조절의 달인이 되어 아이의 회복력을 기르기 위해서는 무엇부터 시도해야 할까?

자기조절력은 분명한 자기이해와 자기자각에서 길러진다. 자기자각을 위해서는 내가 나를 과소평가하는 부분 혹은 과대평가하는 부분을 확인해야 한다. 거짓된 자기애 혹은 지나친 자기비난에 빠져 있는지, 나에게 편한 것은 무엇이고 불편한 것은 무엇인지 생각해 본다. 발달한 영역과 미발달한 영역도 각각 체크해 본다. 하나의 주체와 개체로서 자신을 자각하는 시간이 끝났다면 부모로서의 자기에 대해서도 자각해 본다. 스트레스가 심하거나 불안할 때 내가 아이에게 어떠한 말을 주로 하는지, 아이와 있을 때 몇 시쯤 가장 지치는지, 내 욕구에 아이를 맞추기 위해 어떤 식으로 아이를 통제하는지, 스트레스를 받을 때 내 몸과 마음은 어떤 느낌이 들며 그것이 어린 시절의 기억을 자주 소환하지는 않는지 등을 떠올려 보자.

자기에 대해 이해하고 자각하는 시간을 통해 내게 무엇이 과잉되었고, 무엇이 결핍되었는지를 깨닫고 나면 자신만의 스트레스 영역, 에너지 소모를 줄일 수 있는 방법이 눈에 보인다. 자기조절력이 약한 사람은 스트레스에 취약하고, 스트레스에 취약하니 자기조절의 과제를 달성하기 어렵다.

내가 나를 제대로 통제하지 못한다는 느낌이 들면 자신이 스트레스에 취약한 사람이라는 것을 인정하는 편이 유익하다. 남들이 하는 것보다 조금 적은 과업을 스스로에게 부여하고, 남보다 조금 더 천천히 가면서 스트레스 상황에 덜 노출시켜야 한다. 그리고 어떻게 해서라도 스트레스를 풀 수 있는 나만의 방법을 찾는 것이 필요하다. 내가 나를 통제하는 것보다 상황을 통제하는 것이 편할 수도 있다. 스트레스를 받지 않으려고 애쓰는 것, 그 스트레스를 의지로 이겨 내려는 것은 나에게 스트레스 폭탄을 투여하는 격이다.

자기자각이 끝나고 자기가 가진 자원을 확인한 후에는 스스로를 용서해야 하며, 자신의 불완전함과 화해해야 한다. 우리가 가진 상처는 부모가 된 후에야 드러난다. 어린 시절에 받았던 모든 부정적인 것은 내가 주어야 하는 자리에 왔을 때 비로소 바닥을 드러내는 법이다. 어떤 모습의 부모일지 아이를 낳기 전에는 절대 알 수 없으며, 그 전에 어떠한 부모가 되겠노라고 다짐한 것들은 모두 소용없다. 상처가 깊으면 깊을수록 자기조절에 문제가 생기고 한계가 따른다.

따라서 자기조절력을 기르기 위해서는 부모가 되기 이전에 받았던 상처를 보살펴 주고 그때 거기에 있던 사람들이 지금 여기에는 존재하지 않도록 과거와 현재의 단절을 선언해야 한다. 상처 나고 조각난 내면아이를 만나서 미안했다고, 사랑한다고 말해 준다.

거울을 찬찬히 들여다보면서 나의 눈, 나의 귀에 들어왔던 상처 받은 장면들과 말들을 확인하고 거울 속 나에게 네 탓이 아니라고 위로해 준다. 사과받을 일이 있다면 부모에게도 분명하게 사과를 받아야만 한다. 나에게 상처를 주었던 부모의 입장이 어떨까를 걱정하기보다 상처받았던 내가 구원받는 것이 더 시급하고 중요하다.

이것은 앞으로 우리가 평온함을 추구하기 위해서이다. 상처는 드러내고 밝혀야 치유되고, 상처가 치유되지 않으면 자기애를 갖는 것도, 자기조절도 요원하다.

치유가 시작되었다면, 혹은 다행스럽게도 치유가 끝났다면 자기조절을 위한 일상의 기술들이 필요하다. 누구누구의 양육 방식은 그 사람의 아이에게만 효과가 있었을지도 모른다. 다른 사람이 아이를 이렇게 가르쳤더니 아이가 잘됐다는 이야기는 훈훈한 미담으로 듣고 흘리면 된다. 특정한 양육 방식, 특별해 보이는 학습 방식 등에 얽매이지 않아야 한다. 그러한 틀은 나와 아이만의 독특하고도 참신한 육아 방법의 구상을 방해할 뿐이다.

아빠도 적극적으로 양육과 아이의 교육에 동참해야 한다. 가족 구성원에는 아버지도 포함되어야 하는데 너무 많은 시간을 아버지들이 제외되어 있으니 엄마의 자기조절력에도 문제가 생긴다. 부부 관계가 나쁠수록 서로를 소진시키고 자신을 조절하는 데도 실패하게 되니 최대한 부부간에 좋은 관계를 맺기 위해서도 노력해야 한다.

아이와의 시간은 지금 지나가면 두 번 다시 오지 않는다. 스트레스에 취약하고 자기조절력이 떨어지면 아이와 노는 시간도 곤혹스럽다. 아이와 함께 하는 시간이 아이에게도 엄마에게도 행복한 시간이 될 수 있도록 엄마의 자기조절력부터 챙기는 시간을 갖기 바란다. 어른이 된 이후의 자기조절력은 결코 해결할 수 없다는 말은 믿지 말자.

4장

마음이 건강한 아이로 키우는
일상의 기술

어릴수록 경계가 필요하다

사람이 사람에게 무례함의 대상이 되고, 그로 인해 결국 최대한 멀리까지 달아나게 되는 경우가 있다. 이는 서로 간에 경계를 세우지 않고, 각자의 경계선이 어디까지인지에 대해 무지했기 때문이다. 누군가에게는 사람과의 거리가 1m 이내이면 불편할 수 있지만 누군가는 외로울 수 있다. 하물며 경계선이란 눈에 잘 보이지도 않아 쉽게 침범해 들어가곤 한다.

그래서 일각에서는 90~150cm 정도의 사회적 거리를 제안하기도 한다. 문제는 사회적 거리에 대한 상식을 모든 사람이 염두에 두지 않는다는 것이다. 누군가는 침범하기를 꺼려하지만 누군가는 애써 침범하는 경우도 있다.

이러한 상식이 통하지 않는 관계는 심리적 거리감 유지에도 실패하기 마련이다. 부모와 자녀 사이에도 상식이 통용되어야 한다. 관계에서의 상식은 너무 가깝지도 너무 멀지도 않도록 서로 간에 적당한 거리두기를 하게 만든다. 부모와 자식도 낱낱이 따져 보면 남과 남의 관계이므로 완전히 포개어지는 것은 오히려 해로우며, 경계를 사이로 한 적당한 거리가 필요하다. 이는 부모가 자식을 자기의 것으로 인식하지 않고 개별화하도록 돕는다. 특히 아이가 어릴수록 부모가 경계선을 세워 줌으로써 아이에게 준거틀을 제공해 주어야 한다.

그런데 이러한 준거틀을 아이에게 제공하기는커녕 부모가 경계선을 세워야 하는 필요성을 느끼지 못하는 경우가 많다. 경계선으로 인해 자신도 아이의 바운더리 안으로 함부로 들어갈 수 없기 때문이다. 아이 몰래 혹은 아예 드러내 놓고 아이의 일기장을 읽는다거나, 자녀의 휴대전화를 일일이 확인한다든가, 남이 있든 없든 누가 보든 말든 자신의 감정을 아이에게 쏟아내고, 할 말이 있으면 아이가 무엇을 하고 있든 말든 잠을 자고 있든 말든 어떻게든 해야 하고, 자녀가 스스로 판단하고 결정하는 것을 아예 차단하는 것이 일상인 부모들에게는 경계선이 무척 거추장스러울 것이다.

경계가 없고 아이가 경계를 세우려 할 때 분노하는 부모들은 가끔 과잉된 애착을 아이에게 강요하곤 한다. 너무 사랑해서 하는 행동이기에 그것이 침범의 모양을 하고 있어도 애착이라고 우기면서 말이다.

나를 해치는 연인의 사랑이 사랑이라고 말할 수 없는 것처럼 해치는 사랑의 본질은 폭력일 뿐이다. 그 주체가 부모라면 침범은 더 폭력을 닮았다. 아이가 남이라면 할 수 있을 저항조차 전혀 하지 못하니까….

일반적으로 몸과 마음을 침범하는 부모의 학대와 방치 속에서 심리적 상처를 입었거나 안전한 사랑을 맺는 경험을 해 보지 못한 사람들이 부모가 되면 애착을 강요한다. 부모와 자녀의 관계도 조율이 필요하다는 것을 배우지 못했기 때문이다. 배우지 못했다면 다시 배우면 되며, 경험해 보지 못했다면 이제부터 이로운 경험을 할 수 있는 기회를 허락하면 된다. 나쁜 관계의 악순환과 대물림을 끊겠다고 다짐하고 실천 방법을 모색한다면 충분히 나의 부모와는 다른 부모가 될 수 있다.

아이와의 경계는 아이에게도 "안 돼!"라고 말하는 것에서 설정한다. 많은 부모가 아이의 부탁을 거절하는 것, "안 돼!"라고 말하는 것이 아이의 자존감에 좋지 않은 영향을 미칠 거라고 생각한다. 하지만 염려와 달리 사랑과 인내 안에서의 경계는 아이들의 자존감을 더 건강하게 만들어 준다. 아이들은 한계를 통해 세상의 한계에 대해 예행연습을 하고, 한계를 통해 배운다. 이는 질병에 대해 예방접종을 하는 것과 같이 가깝거나 멀어서 생기는, 혹시 모를 상처에 대해 예방접종을 하는 것이다. 세상 어디에도 나의 요구를 완전히 들어주는 사람이나 환경이 없는데, 가정이 그로부터 예외가 된다는 것은 세상에 아이를 적응시키지 않겠다는 것과도 같다.

한계를 설정하고 한계를 가르치는 것은 부모가 하지 않으면 안 된다. 한계를 설정하는 것이야말로 아이가 가장 신뢰할 수 있는 사람이 해야 하기 때문이다. 경계를 치는 방법을 알려 줌으로써 다른 사람들과 맺는 관계에서도 건강한 경계를 세우게 되고, 싫은 것에 대해 안 된다고 말할 수 있게 된다.

가깝고 서로 사랑하는 사이에서 안 된다고 하는 것을 배워야 그 관계가 깨질 것에 대한 두려움이 없다. 그래야 아이는 남의 눈치를 보느라 거절하고 싶은 부탁을 다 들어주지도, 자신을 함부로 대하는 사람들의 샌드백이 되지 않을 수 있다. 마음에 들지 않는 것에도 당당해질 수 있다. 나의 경계를 아는 사람은 다른 이의 경계와 경계의 다양함을 이해하게 된다. 경계를 세우는 것이야말로 자기 자신을 사랑하고 보호하는 방법이자 다른 이를 존중하는 태도이다.

경계를 통해 아이가 배울 수 있는 또 한 가지는 감사이다. 경계가 없으면 아이는 부모가 하는 모든 것이 당연해진다. 감사도 없고 미안함도 없어지는 것이다. 이건 부모에게도 마찬가지이다. 아이와 경계를 세우지 않은 부모는 아이가 부모를 위해 하는 것에 자신이 정당한 보상을 받고 있다고 생각할 것이다. 폭력을 가하고서도 미안해하지 않을 것이다.

감사한 일에 감사해하지 않는 것, 미안한 일에 미안해하지 않는 것은 경멸의 또 다른 표현이다. 어떠한 관계에서도 누가 나를 위해 무언가를 해 주면 거기에는 감사가 뒤따라야 하고, 누군가가 나 때문에 희생을 하고 있다면 거기에는 미안함이 따라야 한다. 그것이야말로 관계가 건강해지는 길이다.

자녀와 경계를 세울 때 부모와 자식은 개체로서, 각자의 인격체로서 존재한다는 것, 서로의 일부가 아니라는 것을 분명히 해야 한다. 자식을 나의 일부로 생각하거나 동일시하게 되면 부모는 간섭하지 말아야 할 것까지 간섭하게 된다. 아이를 방치하는 것만큼이나 아이에 대한 침범도 트라우마가 될 수 있다.

자식을 자신의 분신, 자랑거리, 대리만족의 대상으로 삼으려 하고 아이의 호오나 의사보다 부모의 취향과 목표대로 아이를 끌고 가면서 아이를 오직 부모의 자녀로만 살게 하려는 시도는 아이의 정서와 자아 성장에 지울 수 없는 상처를 입히게 된다. 이러한 성장 환경에서 부모에게 길들여진 아이들은 그에 대한 해방구로 죽음이라는 극단적 방법을 택하기도 한다.

존재와 존재 사이의 경계를 확실히 했다면 생활 곳곳에서 벌어지는 사소한 경계들에도 신경을 써야 한다. 엄마도 아이의 방문을 함부로 열면 안 되는 것처럼 아이에게도 엄마에게 함부로 침범하면 안 되는 시간과 공간이 있다는 것을 알려 주는 것이다. 엄마가 책을 읽거나 누군가와 통화를 하는 시간은 방해하면 안 된다는 것을 아이가 알아야 한다.

엄마가 누군가와 통화를 하고 있는데, 아이가 옆에서 자꾸 말을 시키고 엄마는 아이의 모든 말에 일일이 친절하게 대꾸를 해 준다. 이는 아이에게는 좋은 엄마로 보이겠지만 전화 통화를 하고 있는 상대방한

테는 무례한 일이다. 이처럼 한쪽에는 무례가 될 수 있는 잘못된 경계의 예시를 아이에게 가르치는 것보다 아이에게 기다리라고 할 수 있어야 한다. 우리에게는 가족 이외에도 존중할 대상이 있음을 가르쳐야 하며, 아이에게도 단호하게 경계를 통해 이를 가르쳐야 하는 것이다.

아이가 어느 정도 자라면 엄마의 몸이라도 만져도 되느냐고 물어보고 만져야 한다는 것을 가르쳐야 한다. 아무리 자녀이지만 내 아이의 중요 부위도 함부로 만지면 안 된다. 다른 사람의 몸을 함부로 만져서는 안 된다는 것을 아이가 배우고, 나중에 커서 이성이나 연인에게도 잘 적용할 수 있어야 한다.

대화 중에 사용하는 언어와 몸짓에도 적당한 거리감은 유지되어야 한다. 함부로 내뱉는 말들, 비웃는 표정을 짓는 것도 경계선을 제대로 지키지 않는 것이다. 특히 표정은 말하는 사람보다 듣는 사람이 미세함을 더 잘 포착할 수 있는 것이기에 더 조심해야 하는 커뮤니케이션 영역이다.

우리는 자신의 마음에 들지 않는다고 하여 타인에게 지나치게 화를 내거나 폭언과 폭력을 가하는 사람을 비정상적이고 몰상식하다고 느끼고 멀리 하려 한다. 때로는 법의 도움을 받아야 할 때도 있다. 이는 사람 대 사람 사이에는 넘지 말아야 할 선이 있음을 우리 모두 인지하고 있기 때문이다. 그런데 아이에게는 비상식적이면서 몰상식한 언행을 아무렇지도 않게 한다. 부모가 아이와 상식적인 관계를 맺는다면 좋은 부모라는 타이틀은 자연스레 따라올 것이다.

아이의 모든 감정을
공평하게 대한다

아이를 대할 때 메마른 감정을 보이는 부모들이 있다. 아이들이 무슨 이야기를 해도 표정에 변화가 없이 무감한 반응을 보이며, 제대로 공감해 주지 못하고, 감정적으로 반응하지도 않는다. 이는 특히 아버지들에게서 자주 발견되는 모습이다.

한국 사회에서는 남성의 감정 표현에 다소 엄격하다. 지금의 아버지 세대만 해도 어린 시절에 감정을 억압하는 법부터 배웠다. 그래서 아버지의 아버지, 또 그 아버지의 아버지들이 아이들의 감정에 무뚝뚝하게 반응하거나 회피하거나 비난하기도 했던 것이다. 꼭 아버지가 아니더라도 어린 시절에 감정을 억압하는 환경에서 자랐거나 감정을 나눌 사람이 없이 자란 엄마들도 메마른 감정을 보일 가능성은 충분하다.

메마른 감정의 소유자들은 자신의 감정을 파악하고 관리하는 데 미숙하다. 이성만이 유일하고 감정은 배제해야 하는 것으로 오해하기도 한다. 감정을 이해하지 못하기 때문에 불쾌한 감정을 느끼거나 조금만 고통스러워도 탈출하려 하고, 그러한 감정 상태에 빠지는 자기 자신을 혐오하기도 한다. 감정을 받아들일 능력이 부족하여 아이와 대립을 피하는 데 심리적 에너지를 쓴다. 다른 사람과 친밀해지는 것에도 거부감을 느끼고, 주변에서 일어나는 일에도 별로 관심이 없기 때문에 차가운 사람으로 비친다.

이처럼 타인과 감정적 친밀감을 느끼지 못하는 사람들은 주변 사람들, 특히 가족이 무척 힘들다. 내가 왜 힘든지 전혀 알려고 하지 않는 배우자는 나를 외롭게 만든다. 아이들은 자기가 하는 말이나 감정에 부모가 별 반응을 보이지 않으면 실망하고, 부모가 감정을 회피하거나 억압하면 부모가 감정을 대하는 태도를 그대로 답습한다.

우리는 가끔 특정의 감정을 두려워하기도 하고, 혐오하기도 한다. 이는 감정에 대한 각자의 경험과 해석이 바탕이 된다. 강한 사람만이 살아남을 수 있다고 배운 사람들은 슬픔이나 우울감을 인정하지 않을 것이며, 늘 착하다고 칭찬받고 착한 사람이 되는 것이 인생의 중요한 가치라고 배운 사람들은 타인의 비분강개를 이해하지 못한다.

우리는 부모가 되어서도 이러한 자신의 경험을 배우자와 자녀에게 그대로 적용한다. 아이의 감정에 대한 부모의 반응에 따라 부모의 유형을 축소전환형, 억압형, 방임형, 감정코칭형으로 나눌 수 있다. 아마도 각 유형에 해당하는 부모는 배우자뿐만 아니라 주변인들도 이처럼 대할 것이다.

축소전환형 부모는 아이가 자신의 불편한 감정을 말하려고 할 때 그걸 듣는 것이 힘들거나, 감정을 말하면서 아이가 더 힘들어질까 봐 얼른 화제를 다른 곳으로 돌려 버린다. 때로는 아이의 감정을 놀리기도 하고 농담으로 삼는 부모들도 있다. 부모가 자꾸만 감정을 축소하고 다른 데로 관심을 돌리려고 하면, 아이는 슬픔이나 분노와 같은 불편한 감정은 믿을 만한 것이 아니라고 생각하게 된다. 그리고 감정을 제대로 느끼거나 이해하지 못해서 감추고야 만다.

억압형 부모는 "뭐 그런 걸로 너는 힘들어하고 그러니?", "사내자식이 강해야지. 어디서 울고 그래!" 이런 말들로 아이를 비난하거나 꾸짖기도 한다. 이처럼 비난하거나 꾸짖는 것은 감정을 옳고 그른 것으로 나누어 어떤 감정은 용인하고, 어떤 감정은 부인하게 만든다. 감정에 자유롭지 못하게 되는 것은 물론 아이는 부모가 정해 준 나쁜 감정을 느낄 때 스스로 나쁜 아이라고 믿고야 만다. 급기야 마음이 힘들어도 아무에게도 도움을 청할 줄 모르게 된다.

방임형 부모는 위의 두 유형과 반대로 "애들은 다 그러면서 크는 거야."라고 말한다. 제한 없이 모든 것을 허용하기 때문에 아이가 어떤 식으로 감정을 분출해도 제지하지 않는다. 아이의 감정은 무조건적으로 긍정하되 아이의 행동에는 적절한 제한을 주어야 하는데, 어떤 행동을 해도 아무런 제재를 가하지 않고 규제하지 않으면 아이는 오히려 불안해진다. 아이는 본능적으로 자신의 잘못된 행동을 알고 있다. 그런데 아무렇게나 감정을 분출하는데도 그것이 잘못되었다고 말해 주지 않으면 안전지대 안에 있다는 느낌을 받지 못하게 된다.

감정코칭형 부모는 우리가 지향해야 할 모습이다. 아이가 어떤 감정을 보일 때 아이의 감정을 잘 들어 주고 문제해결 방법을 함께 모색해 준다. 아이가 어떤 감정을 느끼거나 말할 때 그 감정 옆에 머물러 주고 공감해 주며, 다음에 같은 상황이 발생했을 때는 어떻게 하면 좋을지를 함께 이야기 나눈다. 그러다 보면 아이는 자신에게 문제가 있다고 생각하는 대신 자신의 마음을 이해할 수 있다. 내가 이상해서 그런 감정을 느끼는 게 아니라는 것을 알고, 있는 그대로 사랑받고 있다고 느낀다.

프랑스의 정신과 전문의이자 심리 치료사인 크리스토프 앙드레(Christophe Andre)는 "감정이란 말 잘 듣는 하인이자 못돼 먹은 주인이며, 다스리는 법을 반드시 배워야 하는 생물학적 힘이다. 감정이 한껏 활개 치도록 하되 감정에 대한 조절의 끈을 놓지 말라."라고 했다. 이는 내가 어떻게 감정을 대하고 이해하는지에 따라 내가 조절할 수도, 종속되어 끌려 갈 수도 있다는 말이다. 그렇다면 그가 말한 것처럼 감정을 활개 치도록 하면서도 조절하는 것은 어떤 것을 의미할까?

어떤 감정이든 용납하고 이해하기 위한 전제 조건은 "모든 감정은 긍정하되 모든 행동을 긍정하지는 않는다."이다. 우리의 모든 감정은 그것이 아무리 나빠 보여도 우리에게 반드시 필요하고, 감정은 긍정과 부정의 판단 대상이 아니라 지금 여기에서 일어나고 있는 현상으로 이 해해야 하는 것이다. 분노가 나빠 보여도 분노하지 않는 사람은 자신을 지킬 수 없으며, 혐오가 아무리 나빠 보여도 혐오 없는 사회는 공정을 요구하지 못한다. 그러므로 우리의 모든 감정에는 어떠한 판단도 개입 되지 말아야 하며, 그 감정에 근거한 행동의 잘잘못만을 따질 수 있다.

아이의 감정을 대할 때 아이가 보이는 감정과 아이의 자아를 동일 시하게 되면 아이를 비난할 수밖에 없지만, 감정을 인간의 순수한 권 리이자 방패막이라고 생각하면 아이가 자신을 지키는 중이라고 이해 할 수 있다. 그렇다면 부모가 아이의 감정을 받아들이고 아이도 자유 롭게 자신의 감정을 표현하도록 다음의 단계를 따라가 보도록 하자.

1단계 : 감정을 긍정적이고 부정적인 것으로 이분화하지 않고, 불편 하고 편한 감정이 있을 뿐이라는 것을 안다.

2단계 : 모든 감정은 우리의 생존에 필요하기 때문에 존재하는 것이 라는 것을 이해한다.

3단계 : 아이가 어떠한 감정에 휩싸였을 때 감정을 재빨리 포착하고 그대로 옆에 머물러 준다. 머물러 준다는 것은 때로는 침묵 으로, 때로는 위로해 주고 공감해 주는 것을 뜻한다. 아이에 게 서둘러 감정에서 벗어나라고 하는 것이 아니라 감정을 들여다볼 수 있도록 말할 기회를 허락한다.

4단계 : 아이의 감정을 섣불리 짐작하거나 확인하지 않는다. 때로는 화를 내지만 기저에는 슬픔이 깔려 있을 수도 있다.

5단계 : 감정에는 "왜?"라고 묻지 말고 "무엇 때문에?"로 물음으로써 비난을 받고 있다거나 자기 자신에게 문제가 있다고 느끼게 하지 말고, 상황에서 답을 찾도록 해 준다.

6단계 : 아이가 친구를 때리거나 욕을 하는 등 잘못된 행동을 보일 때는 반드시 그 행동을 시정해 준다.

7단계 : 적절한 해결법과 해소 방법을 함께 찾아본다.

감정을 억제할수록 불안감은 커진다. 억제한다는 것은 날려 버리는 것이 아니라 무의식과 내면에 보관하고 있다는 것을 의미한다. 언제든지 아이들이 자신의 내면에서 억제된 감정을 꺼내들고 불안하지 않도록 아이들의 감정에 날개를 달아 주어야 한다.

03

아이들이 싸울 때 재판관 역할을 하지 않는다

형제자매들끼리의 싸움에는 나이 차이는 별로 영향을 미치지 않는다. 나이 차이 많이 나는 부부도 똑같이 부부싸움을 하는 것처럼… 아이들 사이에서 영토 싸움, 소유권 싸움 등으로 하루 종일 울부짖는 소리가 난무하는 것은 흡사 동물들의 영토 본능, 인간의 원시적 모습 같기도 하면서 주도권 싸움, 권력 다툼의 정치적 싸움을 보는 것도 같다. 때로는 부모의 관심을 얻기 위해 일부러 눈물을 짜 내는 전략적 싸움이 동반되기도 한다. 아이들의 싸움도 어른의 싸움 못지않게 복잡하고 미묘하다.

어릴 때는 누구든 다 싸우면서 자란다고 하지만, 집안이 온종일 전쟁터가 되는 것은 부모에게도 너무 속 시끄러운 일이다. 그러므로 어떻게 아이들의 싸움을 통제하면 좋을지, 그 과정에서 어떻게 서로 존중하는 법을 알게 할지에 대한 숙고는 가정의 평화와 아이들 마음의 안녕을 위해서 중요하다.

싸움의 본질은 파워 게임이다. 아이들의 싸움도 마찬가지이다. 힘의 시소 게임에서 아이들은 역동적인 실체로서의 상호 교환 과정을 끊임없이 되풀이하고, 욕망과 기대의 여러 맥락에서 자기 자신을 발견하게 된다. 그러다 보면 힘의 균형이 한쪽으로 쏠리기도 하고, 패배한 아이 혹은 형제자매의 힘을 절감한 아이는 이 파워 게임을 지속할 전투력을 상실하기도 한다. 아이들도 싸움을 통해 나와 상대의 실체, 세계가 돌아가는 원리를 터득하게 된다.

문제는 아이들의 싸움에서 중재 역할을 담당해야 하는 부모가 한쪽으로 기울 때 벌어진다. 누군가의 편을 든다든가, 묻거나 들어 보거나 따지지도 않고 무조건 형에게 책임을 묻는다든가, 싸움의 맥락과 과정은 상관없이 결과만으로 처벌을 하는 것 등이다. 안 그래도 마음이 성난 상태인데 부모가 한쪽 편만 든다든가, 억울한 판결을 내리면 당사자인 아이의 서러움은 해결할 도리가 없다.

싸움을 중재하는 목적은 처벌하기 위한 것이 아니라 선도하기 위한 것이다. 싸움 없이 고요한 나날을 보내면 좋겠지만 싸움을 하더라도 이후에 이를 해결해 나가는 과정을 배우고 감정의 찌꺼기를 남기지 않으면 된다.

중재의 핵심은 말하는 것이 아니라 듣는 것에 있다. 중재자는 주연이 아니라 조연의 역할을 해야 한다. 싸움 이후에 어떤 아이에게도 소홀하지 않게 균등한 발언권과 자기주장권, 변호권을 허락하는 것이 현명하다. 큰아이이니까 더 참아야 하고, 더 이해해야 한다는 생각은 버린다. 양쪽의 입장을 다 들어 준다.

말하는 당사자, 듣는 당사자는 부모에게 말하는 것처럼 보여도 사실은 서로에게 말하고 서로의 말을 듣는 중이다. 서로의 욕구를 이해시키기 위해 노력하는 것이다. 그러므로 이후에 부모가 재판관처럼 판결하면 안 된다. 중재자는 조언과 권고, 판결과 해결의 역할을 하는 것이 아니라 양쪽 당사자가 문제의 실마리와 해결책을 찾기 용이하게 해줘야 한다. 이는 부모가 얼마나 의미 있는 질문을 하는지에 달려 있다.

"형이 너한테 어떻게 말해 주면 좋았을 것 같아?"

"너라면 그 상황에서 어떻게 했을 것 같아?"

"입장을 바꿔서 동생이 그렇게 했으면 기분이 어떨 것 같아?"

"화가 나서 동생을 때린 후에 마음이 어땠어?"

의미 있는 질문은 다양하게 만들어 낼 수 있다. 이때 "응.", "아니."와 같이 한 가지 답만을 고를 수 있는 닫힌 질문, 폐쇄적인 질문을 하는 것이 아니라 자신의 마음을 자유롭게 말할 수 있도록 열린 질문, 개방적인 질문을 하는 것이 좋다.

의미 있는 질문을 통해 대화를 이어 나가면서 싸움도 폭력이 아닌 언어를 사용하여 할 수 있음을 보여 준다. 싸움이란 결국 자신의 욕구가 관철되지 않았을 때 일어나는 것이므로 욕구 표현은 거친 방법이 아니더라도 얼마든지 할 수 있다는 것을 체험시키는 것이다.

아이들이 싸우는 순간 화를 못 이겨 아이들을 때리는 부모들이 있는데, 폭력을 사용하지 말라고 하면서 폭력적으로 나오는 부모를 아이들이 어찌 이해할 수 있을까? 아이들이 싸우는 순간 부모의 역할을 재빨리 중재자 모드로 전환해야 그에 이성적으로 대처할 수 있다.

또 한 가지 기억해야 할 점은 화해를 종용하지 않아야 한다는 것이다. 싸운 아이들에게 한참 손을 잡고 있게 하거나, 드라마에 나온 것처럼 서로의 발톱을 깎게 하는 등의 방법은 언뜻 보기에는 평화롭고 현명한 방법 같아 보여도 둘 모두에게 벌을 내리는 것과 다를 바 없다. 만약 누가 나에게 싸워서 꼴도 보기 싫은 사람의 손을 계속 잡고 있으라고 하거나, 그의 더러운 신체 부위를 만지라고 하면 그 기분이 어떻겠는가. 서로 화해하라고, 미안하다고 직접적으로 말하는 것도 부모가 판결을 내리는 것과 똑같다.

아이들도 어른과 마찬가지로 싸우고 나서는 호흡이 가빠지고 감정이 상해 있다. 따라서 둘 사이를 일단 분리하고 한시라도 빨리 가정의 평화를 이루고 싶다는 부모의 욕구를 잠시 내려놓아야 한다. 시간이 지나 아이들이 안정되면 어느 지점에서 감정이 상했는지 중재의 과정을 이어가면 된다. 이제 서로 화해했겠지, 이 정도면 마음이 풀렸겠지하면서 은근슬쩍 넘어가는 것은 바람직하지 않다.

암묵적 합의는 한쪽 혹은 양쪽 모두의 마음이 풀리지 않은 채 끝날수 있고, 풀리지 않은 마음에는 찌꺼기가 남게 되고, 찌꺼기는 썩기 마련이다. 찌꺼기가 썩어 쓰레기가 되면 같은 상황, 비슷한 상황에서 아이의 감정은 더 크게 동요된다. 아이들에게 요구나 분명한 바람이 있는데 그냥 넘어가 버리면 화해를 종용하는 것보다 더 못한 결과가 초래된다. 불명확한 의사소통은 또 다른 싸움의 원인이 될 수 있고, 암시적이고 은폐되고 축소되었을 때 충돌을 일으킨다. 따라서 합의란 분명하게 직접적으로 이루어져야 오해가 없다.

아이들에게 말하지 않아도 알 수 있는 마음은 없다는 것, 그것은 나의 짐작일 뿐 사실이 아니라는 것을 알려 주어야 한다. 특히 감정은 분명하게 언어로 실재화해야 풀린다는 것을 몸소 체험하게 해야 아이들의 고통을 덜어 줄 수 있다. 분명하고도 직접적으로 의사소통을 하다 보면 아이들은 서로를 더 잘 알게 되고, 다른 형제의 고충에 대해 공감하게 될 것이다.

아이들은 싸우고 화해하는 과정을 통해 세상은 나를 중심으로 돌아가지 않는다는 것, 세상에는 다양한 선호와 취향을 가진 사람들이 있고 모두가 이를 존중해 줘야 마땅하지만 모두가 동조해 주지 않을 수도 있다는 것, 내가 하는 말이나 욕구가 언제든지 우선일 수 없다는 것, 나의 의견을 받아주지 않는다고 해서 다른 사람이 나의 존재를 거부하는 것은 아니라는 것, 그럴 때마다 마음이 상하고 싸움을 선택하는 대신 그의 결정도 존중할 필요가 있다는 것, 내가 상처받았다고 하여 상처를 상처로 앙갚음하거나 폭력으로 행동했을 때 그 결과가 어떨지에 대해 생각해 봐야 한다는 것, 폭력적 방법 대신에 언어로써 갈등을 해결해야 한다는 것, 때로는 싸움에서 도망가거나 회피할 수도 있다는 것 등을 알게 된다.

부모는 싸움에 대해 아이들에게 가르칠 것이 많다. 형제자매는 언제든 아군이나 적군이 될 수 있다. 이 양면적인 관계를 공유하는 부모만이 사랑이라는 공통의 길을 통해 그들이 서로의 소속이 되도록 할 수 있다.

누구나 왕따가 될 수 있다

세 살 상처는 여든까지 간다. 아무도 나와 친해지고 싶어 하지 않고 모두가 나를 싫어하고 미워하고 모두가 한패거리가 되어 드러내 놓고 나를 핍박하는 경험은 끝끝내 스스로 목숨을 끊을 정도로 위험하다.

캐나다 맥길 대학교 의대 구스타보 투레키(Gustavo Turecki) 교수는 오랜 시간 뇌와 자살에 대한 연관성에 대해 연구를 했다. 그 결과 어린 시절에 따돌림을 겪은 사람은 HPA, 즉 뇌의 시상하부-뇌하수체-부신계로 이어지는 스트레스 제어 시스템이 일반인과 다르게 작동한다는 것을 알아냈다.

이런 사람들의 HPA는 활동량 자체가 적정 수준을 넘어서고, 끊임없이 경고 메시지를 보낸다. 다른 이들보다 스트레스에 취약하고 예민하다. 고통의 경험을 쉽게 잊지 못할 뿐만 아니라 남은 잔상 때문에 끊임없이 괴로워하고, 비슷한 상황과 과거를 상기시키는 경험을 하게 되면 자살하고 싶은 마음이 수시로 습관처럼 든다.

혹자는 왕따의 상처가 30년의 유효 기간을 가졌다고 하지만, 30년이 지나도 쉽게 지워지지 않는다. 중세 시대에는 죄지은 사람에게 공동체에서 내쫓는 것을 벌로 내렸다. 그 정도로 고립은 사회적 동물인 인간이 겪는 극심한 고통이며, 고립감은 가장 두려운 감정이다. 그러한 공포와 좌절을 어린 시절에 경험한다는 것은 불행의 극치일 수밖에 없다. 하루의 대부분을 생활하는 공동체에서 내쫓기는 경험을 하는 것은 학교공포증까지 불러오기도 한다.

그러므로 부모는 왕따를 예방하기 위해 노력하고 아이가 왕따를 당하는 것 같은 분위기가 보이면 최대한 빨리 개입하는 것이 좋다. 아이들끼리 해결할 일이 있고, 아닌 것이 있다는 것을 부모들도 분명히 해야 하고, 왕따는 학교 폭력임을 아이에게도 인식시킬 필요가 있다. 어린 시절에 아이가 왕따를 경험했다면 그 시절을 무사히 넘겼더라도 계속해서 아이를 유심히 지켜보고 관심을 기울여야 한다. 아이의 뇌는 지금도 아이에게 자살하라는 메시지를 보내고 있을 수도 있으므로….

세계보건기구의 연구에 의하면 9~18세에 약 32%가 왕따를 경험한다고 한다. 내 아이도 얼마든지 집단 따돌림의 대상이 될 수 있다는 이야기이다. 대부분의 엄마는 평소에 아이의 친구 이름을 알아 두고, 하교 후 아이의 학교생활이 어땠는지 대화를 나누는 시간을 가짐으로써 아이의 교우 관계에 신경을 쓸 것이다. 만약 지금껏 그렇게 하지 못했다면 오늘부터라도 친하게 지내는 친구 이름을 묻고, 무엇을 하면서 놀았는지, 친구들과 사이는 어떤지 아이에게 물어보라. 친구들과 문제가 없는 아이들은 엄마와 친구들과 있었던 일들을 이야기하는 것이 재미있을 것이다. 아이가 대답을 회피하거나, 더 나아가 짜증을 내거나 화를 낸다면 교사와 상담을 하는 등 주의를 기울일 필요가 있다.

아이가 따돌림을 당하거나 집단 괴롭힘을 당하는 것을 아무리 예방한다고 해도 가해자까지 미리 손을 쓸 수는 없다. 이러한 일이 발생하면 아이가 바로 부모에게 말해 주면 좋겠지만 애석하게도 혼자서 끙끙 앓는 아이가 생각보다 많다. 그래서 평소에 왕따에 대해 이야기하는 것을 금기시하지 않고 드러내 놓고 이런 문제에 대해 대화를 나누는 것이 좋다. 왕따는 무엇인지, 그것은 분명한 폭력이고, 그러한 폭력은 혼자서 감당하는 것이 아니라 부모가 나서서 대신 책임지고 해결해야 하는 문제이며, 혹시라도 그러한 일을 당했을 때는 엄마에게 무조건 말해 주어야 한다고 말이다.

그럼에도 불구하고 부모를 걱정시키고 싶지 않거나 부끄럽고 수치스러워서 말하지 않는 아이들이 있다. 부모는 아이의 행동이나 분위기로 이를 감지할 수밖에 없다. 그렇다면 아이가 왕따를 당하고 있다는 것을 어떻게 짐작할 수 있을까?

아이가 친구 간에 문제가 생기거나 따돌림을 당하게 되면 행동에서 변화가 나타나기 마련이다. 다음의 모습들을 보이면 학교생활에 문제가 있어서인지, 일시적인 행동인지 세심하게 지켜보고 교사 등 주변인들로부터 정보를 얻어야 한다.

1. 학교에 가는 것을 피하려고 아픈 척을 하거나 등교 거부를 한다.
2. 평화로워 보이다가도 갑자기 화를 내거나 펑펑 우는 등 기분의 변화가 잦다.
3. 원래는 쾌활하고 외향적이었으나 갑자기 말수가 없어지고 조용해지는 등 성격이 변한 것처럼 보인다.
4. 난폭해지거나 폭력적이고 거칠어진다.
5. 물건을 자주 잊어버리거나 얼마 전에 샀던 것을 또 사야 한다고 말한다. 반 친구들이 물건을 감췄거나 가해학생들이 학용품 등을 빼앗은 것인지, 진짜 분실한 것인지를 확인해 봐야 한다.
6. 두통, 소화 장애, 불면증, 수면 장애 및 악몽 등 신체 증상을 비롯해 다양한 징후를 보인다. 이는 심리적 부담이 신체적으로 나타나는 것일 수 있으므로 병원 진단 시 특별한 원인이 없는 경우 심리 상담을 받아 볼 것을 권한다. 부모에게는 말하지 못하는 것을 전문가에게는 말할 수 있다.
7. 학업에 관심을 잃고 무기력해진다.

아이는 학업 스트레스, 신체 변화에 대한 부적응 등 다양한 방법으로 심리적 부담을 가질 수 있다. 왕따를 당해서가 아닌, 개인적인 사유로 인한 것이라면 차라리 다행이다. 왕따를 당해서가 아니더라도 위와 같은 증상을 보일 경우에는 심리 상담을 통해 아이 마음을 치유하는 것이 좋다.

아이가 친구들과 지내는 것, 학교에 가는 것이 교우 관계나 따돌림 때문에 그렇다는 것을 알았다면 부모가 가장 조심해야 할 부분은 절대 아이의 탓으로 돌리지 않는 것이다. 그런 부모가 있을까 싶겠지만 의외로 많은 부모가 아이에게 무슨 문제가 있는가부터 생각하게 되고 급기야 속상한 마음에 아이 탓을 하기도 한다.

아이들은 왕따를 당했을 때 가해자들을 탓하기보다 자기 스스로를 탓한다. 자기가 피해자이면서도 자기 때문에 다른 친구들이 괴롭다고 생각하기도 한다. 자기 때문에 부모한테도 부담을 주고 힘들게 했다고 자책하기도 한다. 그러지 않아도 자책과 죄책으로 혼합된 마음으로 힘든 아이에게 "네가 어떻게 했기에…", "네가 그러니까 왕따를 당하지." 등의 말을 해서는 안 된다. 이는 아이의 생명 버튼을 꺼 버리는 것이다. 아무리 속상하더라도 부모의 손가락이 자녀를 향하는 일은 없어야 한다.

속상해서 모든 것을 불사르고 싶은 순간에도 부모는 냉정하고 침착하게 사건을 해결해 나가야만 한다. 부모가 중심을 잃으면 아이는 불잡을 것이 아무것도 없다. 그러므로 학교에 방문해 사건과 정황에 대해 책임을 물어야 하고, 법적으로 해결할 것이 있으면 해결해야 한다. 원래 가해자는 말로 화해하기를 바라고, 피해자는 법으로 해결하기를 바란다. 사과를 하는 것과 법적 처벌을 받는 것은 분명히 다른 차원의 것임을 가해자에게 숙지시킨다.

만일 법의 도움이 아닌 사과와 용서로 문제를 해결할 경우에는 반드시 아이의 의사를 묻는다. 아이가 학교의 강압적인 분위기와 친구들의 묘한 태도 때문에 어쩔 수 없이 용서하려는 것이라면 잘못을 저지른 사람의 책임을 아이에게 이해시켜야 한다. 폭력에 대해서는 무관용의 자세를 가르치는 것도 때로는 필요하다.

아이에게 가장 안전한 환경, 우호적이고도 연대하는 따뜻한 분위기를 마련해 주는 것이 가장 중요하다. 학교 환경에는 아이가 안정을 찾을 때까지 천천히 다시 노출시키고, 어떠한 경우에도 아이가 책임을 느끼지 않도록 한다. 음악, 미술 등의 취미 활동이나 긴장을 풀어 주고 상처를 치유할 수 있는 기타의 긍정적 자원을 개발하는 것도 도움이 된다.

따돌림의 피해자는 자칫 자기 정체성을 잃기 쉽다. 부모는 아이가 제자리로 돌아올 수 있을 때까지 섣불리 방심하지도, 그렇다고 자기 탓을 하지도 말며, 의연한 모습을 보여야 한다.

사춘기는 아이에게
벅찬 모험의 시기다

　대부분의 포유류는 어린 시절부터 완전히 자랄 때까지의 과정을 매끈하게 넘어간다. 인간의 사춘기에 해당하는 시기에는 성장 속도가 느려지고 안정적인 유지 단계에 접어들게 된다. 그런데 인간은 청소년기에 폭발적으로 성장하고 여러 변화를 맞이한다.

　사춘기는 신체적, 정서적, 사회적 기능이 전혀 다른 형태로 전환되는 시기이다. 부모에게도 아이의 사춘기는 스트레스가 가장 높은 시기이나 아이에게도 거대한 도전들에 직면하는 시기이다.

　2차 성징이 나타나면서 외모를 가꾸는 것이 지상의 가장 큰 과제처럼 되어 버린다. 신체의 변화에 대해 남자아이들과 여자아이들 사이에 반응의 차이가 있다. 남자아이들 세계에서는 만숙인 아이들보다 조숙한 아이들이 또래의 리더가 되고 인기가 많은 경향이 있지만, 여자아이들 사이에서는 조숙함이 오히려 놀림의 대상이나 열등감의 원인이 되기도 한다.

감정 변화는 사춘기의 흔한 증상으로 나타난다. 행복, 슬픔, 우울, 분노 등의 감정을 갑자기 느끼거나 급변하는 내적 변화를 겪기 시작한다. 자기가 왜 짜증이 나는지도 모른 채 괜히 짜증을 내고 외부 자극에 민감하고 예민해진다. 자신의 정체성을 찾아서 내·외면의 조화를 위해 노력하면서도 방황할 수 있다.

사회적 기능에도 큰 변화를 맞는다. 부모의 영향이 큰 아동기에서 또래집단으로의 영향 축이 이동하면서 부모보다 친구들에게 더 의지하고 더 큰 영향을 받는다. 아이는 이제 가족이라는 작고 안정된 울타리를 넘어 즐거우면서도 치열한 사회생활을 시작하게 되었다. 사춘기 이전의 폭발적인 두뇌 성장은 바로 이러한 때를 대비하기 위해서이기도 하다. 아이는 이제 타인과 협력하고 경쟁하면서도 조율하는 법을 배우게 된다.

이 모든 과정이 아이에 따라서는 벅찬 모험이 될 수도 있다. 자신의 가능성을 발견할 수도 있지만 한계에 부딪칠 수도 있다. 별 무리 없이 지나가는 아이들이 있는가 하면 무모하고 발칙한 행동으로 위험을 애써 만들어 내는 아이들도 있다. 충동을 조절하는 신경계의 발달 속도는 느리다.

이 모든 변화의 과정은 그 시절을 이미 겪은 부모에게조차 낯설고 어이없고 생뚱맞다. 나는 저렇게까지는 하지 않은 것만 같다. 실제로 그렇게 하지 않았을 수도 있고, 그랬지만 잊어버렸을 수도 있다. 부모가 이해하지 못하든, 아이가 지나치든 부모와의 갈등이 최대치가 될 수밖에 없다.

그런데 아이들이 보이는 신체적·사회적 기능, 정서적 변화가 아무리 당연하다고 하더라도 그들이 보이는 문제적 행동까지 당연해지는 것은 아니다. 아이들이 보이는 문제적 반응은 이전까지 부모와 애착 관계가 좋지 않은 데서 비롯한 불만이나 억눌렸던 것들이 이 시기에 한꺼번에 터져 나오는 것이라고 봐야 더 타당하다.

문화인류학자 마거릿 미드(Margaret Mead)는 원주민들의 전통이 고스란히 남아 있는 사모아 섬에서 아이들을 지켜본 바, 우리가 흔히 알고 있는 사춘기 특성들이 보이지 않았다고 했다. 사춘기의 행동을 결정하는 것은 그 사람이 속해 있는 사회의 '문화'로서 '사춘기' 하면 떠오르는 정서적인 방황이나 우울, 반항 등은 모두 사회문화적 조건에서 기인한다는 것이다. 즉 어떤 환경에서 자라는지에 따라 아이들은 달라질 수 있으며 부모를 비롯해 가르치는 사람의 역할이 크다는 것이다. 우리 아이들도 사모아 섬에서 자랐다면 지금처럼 온종일 감정이 파도처럼 휩쓸리지 않았을지도 모른다.

부모가 아이의 사춘기에 일어날 문제 행동을 예방하기 위해서는 아동기에 아이와 협력적이고도 애정이 가득한 관계를 맺고 안정적 환경을 만들어 주어야 한다. 사춘기의 혼란을 정면으로 마주하고 있을 아이를 이해하려면 그럴 수밖에 없는 청소년기 아이들의 몇 가지 특성을 알면 도움이 될 것이다.

청소년기 아이들은 스트레스에 민감해질 수밖에 없다. 코르티솔 수치가 증가하는 과정에서는 변연계와 HPA 경로(스트레스 반응을 통제하고 조절하는 부위)에 눈에 띄는 변화가 생긴다. 10대에는 신경조정체를 재조정하는 과정에 편도체뿐만 아니라 시각, 청각, 후각 등이 개입하고 민감성도 같이 관여한다. 조그마한 자극에도 편도체가 활성화되고 모든 감각이 예민해지는 것이다.

아이들은 불편한 정서적 신호에 특히 예민해지기 때문에 부정적인 신호가 아닌데도 부정적인 신호라고 잘못 받아들인다. 게다가 감정에 대한 인식능력이 떨어지기 때문에 무표정한 얼굴을 위협적으로 느끼기도 한다. 피곤한 상태일수록 이러한 현상은 더 심각해지고, 때로는 상냥한 표정과 말투까지도 위협으로 인지하기도 한다. 그래서 어느 때보다 부모는 아이들에게 부드럽고 고요한 어조와 표정으로 다가가야 하는데, 이 시기의 부모는 아이에게 고함치는 일이 더 많으니 문제가 발생하고 갈등이 최고조에 이르는 것이다.

뇌가 수시로 위험신호를 보내고, 다양한 내적 혼란을 겪으면서 아이들은 심리적 에너지를 많이 쓰게 된다. 모든 호르몬과 에너지를 소모하고 나면 수면을 통해 회복해야 한다. 그래서 잠을 많이 자야 한다. 하루 10시간 정도의 수면시간을 확보해야 하는데 이 시기에 그 정도로 자는 아이는 거의 드물다. 인간이 겪는 만성피로는 이때부터 시작된다고 해도 과언이 아니다. 수면이 부족하면 학습에의 집중력도 떨어지고 더 무모한 행동을 하는 경향이 있으므로 아이들을 충분히 재우는 것이 여러모로 효율적이다.

이 시기에 칼로리 섭취가 급증하는 것도 크느라 그럴 수 있지만 소비한 에너지를 다시 비축하기 위해서이기도 하다. 에너지를 모아야 할 때 다이어트를 하게 되면 안 그래도 없는 힘이 더 없어져 아이들은 자꾸만 신경질과 짜증을 낼 수밖에 없다. 이 시기의 아이들은 많이 먹이고 많이 재우는 것이 상책이다.

사춘기에는 정체성의 위기를 겪을 수도 있다. 긍정적 혹은 부정적 자아상이 이로부터 확립되며 자신의 가치에 충실할지 말지를 결정할 수도 있기 때문에 부모는 아이가 자신의 정체성을 정의할 수 있게 도와주어야 한다. 이 시기에 겪을 정체성의 영역에는 직업적 정체성, 사회적 정체성, 성적 정체성이 포함된다. 이제 아이는 자기가 어떻게 태어났는지, 어디서 왔는지를 묻지 않고 어디로 갈 것인지를 묻는다. 부모는 아이의 정체성을 함께 탐구, 연구하고 언제든 이에 대해 질문하고 답변할 준비를 해야 한다.

사춘기에는 아이들이 엄청난 양의 에너지를 사용하므로 부모와의 관계에서라도 에너지를 덜 쓰도록 부모가 배려할 수밖에 없다. 에너지 소모가 많은 아이들의 기력 회복에 다양한 신체 활동, 여가 활동, 음악, 연극, 모험적인 체험 등이 도움을 준다는 사실이 밝혀졌다. 이때 혼자 하는 것보다 공동체에서 여럿이 함께 하는 것이 효과적이라고 한다.

10대에는 또래집단에서 안전감을 느끼고, 집단 정체성 위에서 자신의 정체성을 발견한다. 그러므로 아이들에게 또래들과 노는 시간을 빼앗지 않아야 하며, 친구들을 더 좋아하게 되었다고 섭섭해할 필요도 없다.

부모도 아이들이 겪는 그 시기를 지나왔다. 친구 문제, 이성 문제, 학업 문제, 진로 문제 등 문제란 문제는 모두 내 것인 것만 같았던 시절에 바쁜 부모님은 내 문제에까지 공들여 관심을 갖지 않았고, 도움을 주지도 않았고, 도움을 철회하기도 했다. 때로는 그저 10대가 으레 보이는 징징거림으로 넘어가 버린 적도 있었다. 우리는 그때의 좌절감과 외로움을 이미 알고 있다. 부모는 이미 이겨 낸 자로서의 비책을 갖고 있다는 것을 아이가 신뢰하게 해야 한다. 이 변화의 시기가 아이에게 매력적인 시기가 될 수 있도록….

부모의 고함은
아이를 달아나게 한다

    누구나 우아한 엄마가 되기를 꿈꿨을 것이다. 아이에게 조용하고 친절하게 말하고, 잘 차려입은 우아한 모습으로 아이의 한쪽 손을 잡고 쇼핑을 하고, 잘못한 아이에게도 천사처럼 타이르는 그런 엄마의 모습 말이다. 늘어진 옷을 입고, 머리를 헝클어뜨리고, 친절은커녕 윽박 지르지만 않아도 다행인 모습을 그리면서 엄마가 된 사람은 단 한 사람도 없을 것이다. 육아가 이처럼 전쟁일 줄 미리 알았다면 인류는 진 즉에 멸망했을지도 모를 일이다.

    하지만 아이에게 얌전하게 변하라고 할 수도, 아이들의 이기적 속성을 변화시킬 수도, 아이에게 엄마를 이해하고 엄마 말을 잘 듣도록 엄마

체험서를 읽게 할 수도 없는 노릇이니 이렇게라도 자녀교육서를 들여 다보며 마음을 조금이나마 다잡아 보는 것이 아니겠는가. 오늘도 화가 끝까지 나서 미칠 지경이지만 노력해 보자는 고귀한 의지 아니겠는가.

화가 나서 소리를 지르기 전에 몇 가지 체크해 볼 사항이 있다.

1. 내가 너무 높은 기대를 갖고 있는 것은 아닌가?
2. 남편에 대한 미움을 아이에게 전이하고 있는 것은 아닌가?
3. 몸이 피곤하고 스트레스가 심해 아이의 잘못을 핑계로 화를 내고 싶은 것은 아닌가?
4. 한강에서 뺨 맞고 아이에게 눈 흘기는 것은 아닌가?

모른 척하고 싶겠지만 사실 왜 화를 내는지 스스로 너무나도 잘 알고 있다. '그냥'이라고 말할 때조차도 이미 마음의 한쪽 귀퉁이는 화에 합리성이 상실되었다는 것을 알아차리고 있다. 이때 화를 내며 있는 대로 소리를 지르고 나면 이내 죄책감에 휩싸인다. 그런데 이 패턴을 계속해서 반복하는 부모들도 있다. 그러다 보면 나중에는 죄책감마저 사라진 채 패턴을 반복하다가 뉴스에 날 법한 일을 저지르는 부모들이 되는 것이다.

위에 열거한 이유들로 화를 내며 아이에게 고함을 지르고 있다면 자기 자신과 아이를 분리해야 한다. 아이에게 내 화의 책임이 있지 않으므로 나로부터 아이를 지켜야만 한다. 아이가 없는 다른 공간으로 이

동해 심호흡을 하면서 내가 지금 비이성적으로 아이에게 화를 내고 있다는 것을 인식하고, 화가 가라앉는 시간을 버는 것이다.

만약 이것이 패턴화되어 있는데 잘 해결되지 않고 내 의지로 안 된다면 심리 상담 등 전문가의 도움을 받을 것을 권한다. 감정이나 의지에 문제가 있다기보다 심리적으로 해결되지 않는 그 무언가가 있을 수 있기에….

한 아버지는 아이가 호기심으로 이것저것 만지다가 물건을 깨뜨리거나 실수를 저지르면 불같이 화를 내곤 했다. 아이가 저지레를 할 때마다 야단을 쳤고, 급기야 아이가 아무것도 만지지 못하게 했다. 어른의 눈에는 아이가 물건을 깨고, 헤집는 행동들이 저지레처럼 보일 것이다. 그러나 아이의 입장에서 그것은 세상을 탐구하는 방법이다. 아이의 입장에서는 혼나야 하는 일이 아닌 것이다. 그 아버지가 아이에게 아무것도 만지지도, 아무 일도 저지르지도 말라고 한 것은 세상에 대한 호기심을 갖지도, 세상을 알아 가지도 말라는 요구이다.

이처럼 아이를 어른의 눈으로 보며 혼내는 경우가 많다. 아이의 발달 과정에 맞는 행동인데도 불구하고 화를 내고 아이를 나무란다면, 이는 아이의 문제가 아니라 부모의 문제에 속한다. 화를 내고 소리를 지를 때 아이의 발달 과정을 염두에 둔 것이라야 자기 자신에 대한 변론권도 생긴다.

부모가 소리를 치기 시작하면 아이의 뇌는 변연계가 활성화되어 본능적으로 투쟁도피를 하게 된다. 그래서 부모가 소리를 지르면서 아이에게 뭐라고 하면 아이는 이에 귀를 기울이는 것이 아니라 그 반대의 행동을 한다. 자기도 같이 부모에게 소리를 지르거나, 그렇게 하지 못할 경우 피하고 숨는 것이다.

힘없는 아이들이 자기보다 훨씬 강한 부모에게 같이 소리를 지르는 것은 웬만한 용기를 가지고는 할 수 없는 일이므로 대부분의 아이는 자기만의 방으로 숨게 된다. 마음의 방에 갇힌 아이는 두려움, 슬픔, 좌절감을 느끼고 부적절하고 건강하지 못한 자존감을 갖게 된다. 또한 지금은 힘이 없어 숨는다 하더라도 마음 안에는 이미 반항심이 생겨 더 완고해지고 부정적인 행동을 할 가능성이 높아진다.

지속적으로 고함에 노출된 아이들은 스트레스에 노출되고, 이는 아이들의 두뇌 발달 방식을 바꿀 수 있다. 부정적인 정보와 사건을 긍정적인 것보다 더 빨리 처리하게 된다. 또한 성인기에 접어들어 우울증, 불안 장애 등 다양한 심리적 문제를 겪을 수도 있다. 알코올 및 약물 남용 등 자기파괴적 행동의 원인이 되기도 한다.

일부 연구에서는 심리적 문제만이 아닌 관절염, 편두통, 허리통증 등 만성적 질병으로도 이어질 수 있다고 한다. 부모의 소리 하나하나가 뼈나 몸의 각 기관에 날아와 붙고, 그것이 질병으로 이어지는 것은 아닐는지….

가슴속에 있는 분노를 어딘가에는 토해 내어야 밖에서 이성적으로 행동할 수 있기 때문에 가장 낮은 곳에 있는 아이에게 분노를 쏟아낸다. 고래고래 소리라도 질러야 꽉 막힌 가슴을 뚫을 수 있으므로 나와 가장 가까이 있으면서 가장 힘없는 아이에게 통제권을 휘두른다.

그런데 아이들은 부모가 잘 대해 준 순간은 잊고 이때 느낀 좌절감으로 고통을 느낀다. 아이들은 삶의 밝고 긍정적 측면은 상실하고, 어둡고 부정적 측면만 바라보게 된다. 암흑의 세계에서 엄마의 목소리만 쩌렁쩌렁 울릴 것이다. 아이들의 자긍심은 낮아지고, 내가 할 수 있는 것이 없다는 생각을 하는 등 부정적 자아상을 갖게 되고, 꿈을 잃어가고, 인간관계에서도 어려움을 겪을 수밖에 없다.

이 모든 것이 너무 극단적인 것처럼 들릴 수도 있다. 하지만 폭력에 장기간 노출되어 온 아이들이 어떠한 심리적 문제에 놓이고, 어떠한 성인으로 자라는지 주변에서 많이 보아 오지 않았던가? 고함을 치는 것이 학대에 해당한다는 사실을 인지하지 못했기에 지금까지 이러한 폭력을 자행해 왔던 것이다.

육체적으로 폭력을 가하는 것보다는 소리를 지르는 것이 그나마 나아 보일지 모른다. 하지만 고함도 정서적 학대에 해당하고 그로 인한 후유증과 부작용이 많다는 것을 알고 나면, 그게 더 나은 것이 아니라는 걸 알 수 있다. 육체적 폭력과 가히 다르지 않다.

아이가 내 기대에 크게 미치지 못할 수도 있다. 아이에게도 좋은 부모상이 있는 것처럼 부모들도 자기가 원하는 자식상이 있기 마련이다. 자신의 기대와 전혀 다른 방향으로 행동하고 나아가는 자녀를 보면 화가 나고, "너는 어떻게 생겨먹은 애가 만날 그 모양 그 꼴이냐?"라는 말이 절로 나올 수 있다.

화를 낼 수도 있고, 소리를 지를 수도 있다. 하지만 그럴 때면 정중하게 아이에게 미안하다고 해야 한다. 상처가 되는 것은 부모가 아이에게 화를 내고 소리를 지르는 것이 아니라 그 이후에 아무 일도 없었다는 듯 그냥 넘어가 버리는 것이다. 아이들은 우리가 생각하는 것 이상으로 마음이 깊고 넓어서 부모가 부족하다는 것을 알고 있으며, 부모가 진심으로 사과를 하면 또 진심으로 용서해 준다. 그렇다고 해서 화내고 소리치고 미안하다고 하는 식으로 패턴화가 되면 곤란하다.

절대 그러지 말아야지 다짐하고서도 귀신보다 더 무서운 얼굴을 하고 오늘 또 아이를 혼내고 화내고 소리쳤을 것이다. 좌절하고 다짐하고 다시 좌절하고 다시 다짐하는 일이 부모의 일일지도 모르겠다. 소리친 이상으로 아이를 사랑하기에 어제의 반만 소리치는 내일이기를 기대하고 다짐할 수밖에….

부모와 애착 밀도가 높은 아이가 회복탄력성이 높다

어떤 재료에 힘을 가하면 원래의 상태로 되돌아오려는 성질을 탄력성이라고 한다. 심리학적으로 회복탄력성은 '심리적 저항력'을 의미한다. 역경을 극복할 수 있는 개인의 능력을 뜻하며 역경을 이겨 낸 후더 단단해진다. 많은 것이 부서지고 침몰한 곳에서 다시 강하게 자라나는 힘인 것이다. 좋은 면만을 보는 것 이상의 능력이다. 심리학에서는 힘든 상황에서도 쉽게 심리적 안정을 회복하는 것을 회복탄력성이높다고 표현한다.

부모와 애착 밀도가 높은 아이가 회복탄력성이 높다. 언제 어느 때든돌아갈 곳이 있고 기다려 주는 부모가 있다는 사실은 아이들뿐만 아니라 어른들에게도 심리적 안녕감을 주지 않는가? 내가 넘어진 순간 내가 나를 위로하는 것도 중요하지만, 곁에서 나를 응원해 주고 박수쳐 주는 든든한 버팀목이 있다는 사실이 우리를 다시 일으켜 세우지 않던가? 부모의 따뜻한 두 손과 따뜻한 두 눈이 회복탄력성의 가장 핵심이다.

부모가 물려 준 애착 이외에 회복탄력성을 높여 주는 내·외부의 요인을 몇 가지 살펴보면 다음과 같다. 먼저 내부 요인에는 유머 감각, 낙관적인 태도, 일어난 일을 받아들이는 능력 등이 있다. 나쁜 상황을 나쁘게만 바라보지 않으려면 유머 감각이 필수이다. 심각한 상황에서 모든 문제를 심각하고도 진지하게만 바라보는 것보다 적당한 유머가 우리의 숨통을 트이게 하는 것이다. 곤두박질치는 상황에서 낙관성을 유지하는 것도 우리가 다시 나아갈 수 있게 하는 힘을 준다.

유머 감각과 낙관적인 태도를 가진다고 해서 현실 감각을 잊어서는 안 된다. 부정적인 것만 보느라 긍정적인 것을 잊어서도 안 되지만, 긍정제일주의나 긍정만능주의에 빠지거나 긍정을 불가능한 수준까지 끌어올리는 것은 금물이다. 유머와 낙관성은 이미 일어난 일을 있는 그대로 받아들이는 능력과 현실주의 위에서 발휘되어야 한다.

자신이 느끼는 좌절에 대한 관용의 자세도 필요하다. 누구나 좌절을 느낄 수 있다고 생각하면 내가 느끼는 좌절에 심각하게 매몰되지 않을 수도 있으니…. 그렇다고 아이가 느끼는 것은 아무것도 아니라는 인식을 심어 주지 않도록 주의해야 한다. 남들도 다 겪는 일이고 너만 힘든

건 아니라는 메시지는 본인이 본인에게 주는 메시지여야지, 남에게 줄 때는 전혀 공감할 줄 모르는 것에 불과하니까 말이다.

분명한 동기를 가지고 있을 때도 역경과 고난을 이겨 낼 수 있다. 동기는 기본적인 욕구 충족 이상의 자기실현을 의미하므로 부모에 의해 부여된 동기가 아니라 아이의 내부로부터 발현된 것이어야 한다. 동기 부여는 아이의 선택 사항이다. 이때의 선택은 목표를 이루도록 하므로 힘들어도 이겨 낼 동인으로 작용한다. 동기와 의미를 만들어 내고, 이를 통해 자기가 하는 일에 가치와 의미를 발견한다면 지금의 어려움을 견딜 수 있을 것이다.

회복탄력성을 높여 주는 외적인 요인에는 공동체에 대한 소속감, 자기효능감에 대한 믿음 그리고 롤모델이 있다. 부모는 아이가 가정에서든 학교에서든 지속된 관심을 받고 관계를 잘 맺어 소속감을 느낄 수 있도록 이끌어 주며, 학교와 친밀하고 돈독한 협력 관계를 맺어야 한다.

가정에서 친밀한 환경을 제공하는 것은 말할 것도 없이 중요하다. 힘든 일이 닥쳐도 아이가 이겨 낼 수 있을 거라고 아이의 능력을 믿어 주는 것, 그럼에도 실패할 수 있음을 인정하고 실패했을 때도 너의 책임이 아니라는 것 그리고 최선을 다했음을 인정해 주는 것이 아이의 자기효능감에 대한 부모의 믿음이다.

회복탄력성이 높은 부모에게서 자란 아이가 회복탄력성이 높은 것은 당연한 일이다. 힘든 일이 닥쳐도 이겨 내기 위해 노력하는 부모의 뒷모습을 아이도 굳세게 따라갈 것이다. 회복탄력성이 낮은 부모여서 아이의 롤모델이 되어 줄 수 없으니 이번 생은 틀렸다고 포기할 필요는 없다. 좀 더 탄력적인 사람이 되기 위해 지금부터라도 노력하면 된다. 회복탄력성이 낮은 사람들은 사소한 스트레스에도 사자 우리에 있는 것과 같은 반응을 하곤 한다. 따라서 내적인 힘을 조절해야 하는데 이는 앞서 '자기조절력을 키우는 방법'에서 이미 충분히 설명하였다.

회복탄력성을 높이는 핵심은 감정과 자아를 동일시하지 않는 것이다. 감정과 나를 동일시하는 순간 나는 곧바로 감정에 사로잡힌 노예가 되어 감정에서 벗어날 수 없게 된다. 감정은 잠시 왔다가 사라지는 순환의 특성을 가졌고 내가 부족하고 한심해서 그러한 감정을 느끼는 것이 아니라고 생각하면 불쾌하고 강력한 감정을 만났을 때도 쉽게 그로부터 자유로워질 수 있다.

도전적인 일에 자신을 노출하는 것도 좋은 방법이 된다. 힘들지만 의미 있는 일에 도전하고, 어렵고 힘든 과정에서 자기만의 세계를 구축하기 위해 노력하다 보면 역경에도 내성이라는 것이 생기기 마련이다. 최대한 의미 있는 일에 몰두하다 보면 무력감을 느끼지 못하게 되는데, 이는 회복탄력성을 키우는 데 꽤 근사한 태도이다. 신경과학자들도 인간이 도전적인 일에 몰두할 때 일어나는 뇌의 다양한 반응을 관찰하며 이것이 회복탄력성을 키워 준다는 사실을 증명하였다.

회복탄력성은 주어진 능력이나 성격이 아니다. 이는 학습의 과정이며 배움이다. 배워야 알 수 있으며 행할 수 있기에 갖가지 시행착오와 경험을 통해서 회복탄력성을 키워야 한다. 이는 미래의 행복을 위해 전략을 짜 내는 데도 분명 도움이 된다. 주어진 것이 아니라 앞으로 주어질 것이라는 사실이 더 희망적이기까지 하다.

오늘은 제자리를 찾지 못하고 멀리까지 가 버렸지만, 내일은 내 자리로 좀 더 가까이 다가올 것이다. 그러다가 마침내 내가 있던 자리를 찾을 것이다. 아이도 그럴 것이다. 오늘은 좌절하고 땅바닥에 주저앉았지만, 내일은 서고, 모레는 걷고 뛸 것이다. 인간에게 배움이 있다는 것, 배울 의지가 있다는 것은 엄청난 축복이 아닐 수 없다.

일상에서 아이에게
행복감을 주는 방법

어른들에게 출근이 고충인 것처럼 아이들에게도 매일의 등교는 힘든 일이다. 아이들도 어른 못지않게 학교에서 피로를 느낀다.

학교에서 지내는 아이는 집에서 지내는 내 아이와 다른 아이일 수 있다. 집에서는 재잘재잘 말도 잘하고 명랑하지만, 학교에서는 조용히 자신만의 세계에 있는 아이처럼 지낼 수도 있다. 집에서는 막내로 어리광만 부리지만 학교에서는 리더의 역할을 곧잘 할 수도 있다. 부모는 아이가 어떠한 모습으로 타인과 사회적 상호 작용을 하는지 알지 못하며, 아이에게 발생하는 모든 일을 알지 못한다. 그들의 삶이자 인생이기도 한 학교에서 아이들이 행복해 주기를 바랄 수밖에 없다.

그럼에도 학교에서 일어나는 모든 일을 알고자 하고 간섭하려는 부모들이 있다. 그런데 일단 학교에서의 일은 아이의 몫이라 부모가 컨트롤하는 것에 한계가 있다. 부모는 아이가 학교에서 받은 스트레스를 잘 처리할 수 있도록 돕고, 행복감을 느끼게 해 줄 안식처를 제공하는 것이 최선이다.

퇴근 후 어른들이 집에서 쉬는 것처럼 아이들도 하교 후 집에서는 쉬는 것이 지극히 당연한 일이 되어야 하는데 현실은 그렇지 못하다. 하교 후 학원에 가고, 학원 공부를 끝내고 집에 와서도 숙제하느라 쉴 시간이 없다. 하루 온종일 쉬지 못하는 아이는 그야말로 최대의 수익을 얻기 위해 억지로 돌리는 기계와 다를 바 없다.

학교든 학원이든 일단 외부 활동을 하고 집에 돌아온 아이는 쉬게 해야 한다. 숙제부터 하라고 하는 대신에 씻고 1시간 정도는 재우거나 쉬게 하는 것이 이후 해야 할 숙제나 공부에 더 도움이 된다. 한 실험에서 아이들에게 낮잠을 재우고 나서 학업 성과나 기타 성취를 측정하니 그 전에 풀지 못하던 문제를 풀고, 그 전에 잘하지 못하던 수행을 잘 해냈다는 결과가 나왔다. 잠을 자는 것은 육체적 피로를 풀어 줄 뿐만 아니라 뇌를 쉬게 해서 집중력을 높여 주므로 밤잠에 피해를 주지 않는 선에서의 낮잠은 긍정적인 영향을 준다.

밤에 아이가 잠자리에 들기 전에는 아이의 심리 상태를 안정적이고 평화롭게 만들어 주어야 한다. 부모들이 어린아이의 침대 머리맡에서 동화책을 읽어 주는 것은 이러한 조건을 만드는 가장 좋은 방법이다. 좋지 않은 감정 상태로 잠자리에 들면 제대로 잠을 잘 수 없을 뿐만 아니라 뇌에도 부정적인 영향을 미치기 때문이다. 충분한 수면과 숙면을 취하지 못하면 신경은 그야말로 절벽 끝에 서게 된다.

밤에 부정적인 각성 상태인 채 잠자리에 들게 되면 기억 및 감정과 관련된 부분인 해마는 작아지고, 이성을 담당하는 전두엽의 활동은 줄어든다. 기억력이 떨어지고 새로운 기억을 통합하는 것도 어려워진다. 가급적 잠들기 전 시간에는 아이의 학교생활에 대한 대화나 아이의 문제에 대해 의논하거나 비판하는 것은 피하는 것이 좋다. 분노, 불안 등 불안정한 심리 상태에서 잠을 도피처로 만들지 않도록 한다. 잠을 자고 나면 잊어버린 듯싶겠지만, 잠은 부정적 심리 상태를 완화하기보다 불편감을 가중할 뿐이다.

잠은 잠들기 전의 기분이나 마음 상태 등 질적 측면뿐만 아니라 양적 측면도 중요하다. 캘리포니아 주립대학교에서 진행한 연구에서는 2시간 이상의 수면 시간을 잃는 것은 감정을 조절하는 전두엽 피질에 심각한 영향을 미친다는 결론이 나왔다. 연구팀은 수면 부족이 정신 건강을 다루는 뇌의 구조에 균열을 일으켜 수면이 부족한 사람은 더 폭력적이 되고 제어력을 잃는다고 설명했다. 감정적인 균형이 제대로 이루어지지 않고, 자극에 반응하는 능력이 감소한다는 것이다.

수면이 부족한 아이들은 짜증이 많아질 수밖에 없고 화를 제어하지 못한다. 또한 수면 부족 시에는 기억력에도 문제가 생긴다. 장기적인 학업 성취를 위해서 휴식과 숙면은 필수이다. 잠만 잘 자도 아이는 몸과 마음 모두 건강하게 자랄 수 있다.

　

　잠도 잘 자고 비로소 성격도 온화해졌다면 아이의 행복감 증진을 위해 부모들이 소소하게 해 줄 수 있는 것들을 소개해 보겠다. 포춘쿠키처럼 희망적인 메시지를 아이에게 하루에 하나씩 선물해 보자. 포춘쿠키를 매일 만들 수는 없으니 행복사서함, 희망사서함 등의 이름으로 항아리나 통을 하나 만들어 쪽지를 여러 개 넣어 둔다. 좋은 글귀, 긍정의 말, 격려, 사랑 등을 쪽지에 써 놓는 것이다. 아이가 등교하기 전에 하나씩 꺼내서 기분 좋게 하루를 시작할 수 있도록 해 준다.

- 네가 내 딸(아들)이어서 엄마는 정말 행복해!
- 엄마가 만든 음식을 맛있게 먹어 줘서 고마워!
- 어제 엄마한테 문자 메시지를 보내 줘서 엄마는 힘이 불끈 났어!
- 너는 정말 소중하고 특별해!
- 동생과 잘 지내는 너를 보면 뿌듯한 마음이 들어!
- 네가 정말 자랑스러워!
- 실수한 것에 대해서는 너무 신경 쓰지 않아도 돼. 엄마는 항상 네 편이야.

메시지는 긍정적이고 희망적이라면 어떠한 것이라도 괜찮다. 때로는 사과를 담은 진심을 써도 되고, 가끔은 편지를 써 넣어도 좋다. 별것 아닌 것 같아도 아이에게는 큰 힘이 되며 먼 훗날까지 엄마가 자신에게 준 특별한 추억으로 기억할 것이다. 어른이 되어서도 이날의 기억으로 내내 따뜻한 마음을 느낄 수 있다.

희망을 주었다면 같은 방식으로 걱정이나 불안한 감정을 처리할 수 있도록 도울 수 있다. 긍정적인 것에만 너무 몰두하면 아이는 불쾌한 감정은 쓸모없는 것으로 여기게 되고, 이는 긍정강박이 될 수 있다. 걱정과 불안도 가족과 함께 나눌 기회를 가짐으로써 다른 사람이 내 감정을 어떻게 생각할까 걱정하지 않게 만들어 준다. 이것도 역시 방법은 다양하다. 방법은 부수적이고 본질은 부모가 좋지 못한 일도 함께 나누고 싶다는 뜻을 전달하는 것이다.

엄마가 아이에게 희망사서함에 쪽지를 넣는다면, 아이는 걱정사서함에 쪽지를 넣어 엄마에게 자신의 고민과 걱정을 나눌 수 있다. 혹은 걱정을 걸어 두는 나무에 걱정거리가 생길 때마다 걱정 쪽지를 걸어 두게 한다. 나무 하나에는 걱정거리를 걸고, 다른 나무 하나에는 이전에 걸어 두었던 걱정거리가 해결될 때마다 어떻게 해결되었는지를 써서 걸어 둔다. 여전히 해결하지 못한 걱정거리는 걱정나무에, 해결한 걱정거리는 해결나무에 거는 식이다.

아이는 걱정거리를 어떻게 해결할 수 있을지에 대해 엄마와 이야기를 나누고, 해결되지 못한 걱정이라도 그냥 둘 수 있는 방법을 배운다. 부모는 아이에게 모든 문제가 해결되면 좋겠지만 모든 문제가 해결되지 못할 수도 있고, 해결되지 못한 문제들도 옆에 두고서 살아갈 수 있다는 것을 가르쳐 준다. 모든 문제를 해결하는 사람이 대단한 것이 아니라 문제가 있음에도 불구하고 살아갈 또 다른 희망을 갖는 사람이 더 대단하다는 것을 알려 주는 것이다.

소소한 방법이지만 아이와 함께하다 보면 이야깃거리가 늘어나고 일상이 따스해진다. 아이는 따뜻한 마음의 소유자가 될 것이고, 엄마도 함께 따뜻함을 누릴 수 있게 될 것이다.

아이의 존재만으로도
부모가 행복하다는 것을 자주 표현한다

자기 자신에게서 벗어나려고 안간힘을 쓰는 사람들이 있다. 자기 자신이 편하거나 안락하지 않기 때문이다. 자존감이 조각나고 스스로에 대해 부정적인 관념을 가진 사람들은 이처럼 늘 자기 자신이 불편하다.

낯선 장소, 처음 가 보는 길, 잘 모르는 이웃, 친하지 않은 사람, 얼굴만 아는 동창 등은 불편한 대상들이다. 어떤 공간에 있을 때, 어떤 사람을 만날 때 마음이 불편해지는 이유는 딱 한 가지다. 모르기 때문이다. 미지의 세계에 들어가는 것, 모르는 사람을 만나는 것이 부담이 되고 걱정스러운 것은 그에 대한 정보가 하나도 없기 때문이다. 안전하다는 생각을 할 수 없어서이다.

자기 자신이 불편한 이유도 마찬가지이다. 자기가 도대체 어떤 사람인지 알 수 없고, 자기가 원하는 것이 무엇인지도 모르겠고, 심지어 왜 사는지도 전혀 알 수가 없다. 자기 자신에 대한 정보가 부족하니 스스로 부담스럽고 싫고 불편하다. 자기 자신을 너무 많이 알아서 사랑할 수 없기도 하지만, 너무 많이 몰라서 혐오하기도 하는 것이다. 좀 더 정확히 말하면 몰라야 할 것들을 너무 많이 알고, 알아야 할 것들을 너무 모른다.

심리학자 브라이언 와이즈(Brian Weiss)는 "진정한 자기애는 널리 알리거나 밖으로 보여 줄 필요가 없다. 이는 내면의 상태, 힘, 행복, 안정감이다."라고 말했다. 그의 말은 자기애의 함축적 의미와 요소를 분명히 제시한다.

아이가 자기애를 가까이 하고, 자기혐오를 멀리 하게 하려면 아이 스스로 자신의 욕구를 알고(내면의 상태), 자기효능감(힘)을 가지고, 스스로를 삶의 중요한 부분으로 인식하며 존중하고(행복), 행복해지는 것을 방해하는 감정적인 상처를 치유하는(안정감) 능력을 키워 줘야 한다. 즉 자기 자신과 끈끈한 유대감을 갖도록 하는 것이다. 머리부터 발끝까지 자신을 느낄 수 있어야 한다.

먼저 아이가 세상에 태어날 때 환대하고 잘 보살폈는지를 떠올려 보자. 아무것도 모르는 아이라고 방치하지는 않았는지, 진심으로 기뻐하고 돌봐 주었는지 말이다.

한 엄마가 남편의 행동에 대해 고민했다. 아빠가 갓 태어난 아이의 이마를 수시로 때리고 손가락으로 튕기는(딱밤) 행위를 지속적으로 한다는 것이다. 옆에서 걱정스럽게 하지 말라고 말려도 아이가 어차피 기억하지 못할 거라며 그 행동을 계속 했다고 한다. 돌봄을 제공해야 할 사람이 아이를 때리고 울리는 것은 아이 입장에서는 가장 믿는 사람으로부터 발등이 찍히는 경험이다. 아이는 세상이 안전하지 않다고 느끼게 된다. 이 사건을 기억하지 못한다고 해도 몸은 이미 그에 반응해 왔고, 몸에는 그에 대한 기억이 생생히 새겨져 있을 것이다.

타인과 세상에 대해 단절감을 쉽게 느끼고 삶과 자기 자신의 의미에 대해 끊임없이 고뇌하고 방황하는 사람들은 생애 초기에 입은 트라우마에서 벗어나지 못했기 때문이다. 몸에 각인된 고통은 평생을 따라다닌다. 기억은 없어도 고통은 남는 법이다.

만약 태어나서 아이가 이러한 불안정적인 경험을 하였다면 아이의 변연계는 망가지고 자신의 감정을 제대로 느끼지 못하게 된다. 자기가 무엇을 원하고 좋아하는지도 알지 못하고, 의사결정도 쉽게 내리지 못한다. 몸이 보내는 신호도 잘 알아차리지 못한다. 자신의 몸이 안식처로 편안하게 느껴지지 않는다. 자신의 욕구, 마음, 기분 어느 것 하나도 내 것이 아닌 것처럼 낯설기만 한 아이가 자기 자신을 인지하고 인식하는 것은 거의 불가능하다. 자신의 욕망을 이해하고 그를 달성하는 것도 요원하다.

따라서 부모는 아이의 탄생과 존재 자체를 환영하고 기뻐하며 어떤 폭력도 경험하게 해서는 안 된다. 생애 초기에 겪은 상처와 좌절은 심리학에서 중요하게 다루는 영역이다. 이러한 경험을 이미 했지만 아이가 멀쩡하게 잘 크고 있다고 안위하는 사람도 있을 수 있다. 그런데 아이는 아직 부모의 손에서 생존해야 하기에 무언가를 감추고 있을 수 있다. 만약 아이가 나쁜 경험을 한 상태라면 부모의 사랑을 쟁취하기 위해 마음속으로 어떠한 폭풍을 견디고 있는지 심리 상담을 통해 확인하고 치료해야 한다.

아이가 울면 버릇이 나빠진다고 그냥 내버려 두는 부모들이 있다. 아이에게 부모를 조종하려는 어떤 의도가 있을 거라고 생각한다. 그런데 이는 그리 현명한 태도가 아니다. 아이는 빨리 안아 주어야 빨리 달래진다. 이는 아이에게 안정감과 안전한 울타리를 경험하게 하는 것이다. 내가 우는데 아무도 안아 주지 않고 달래 주지 않는다면 아이는 방치된 것 같은 참담함을 느낄 것이다. 주변에 아무리 힘들다고 말해도 아무도 괜찮으냐고 물어봐 주지 않고, 위로해 주지 않았을 때의 외로움과 좌절을 우리도 경험해 본 적이 있지 않던가?

자신의 욕구에 관심을 갖는 것은 그 욕구가 받아들여진 경험 위에서 가능하다. 기저귀를 갈아 달라는 욕구 표현, 혼자 내버려 두지 말고 같이 있어 달라는 욕구 표현, 나 지금 마음이 너무 힘드니 안아 달라는 욕구 표현을 거절당한 아이들은 어차피 충족되지 않을 자신의 욕구 따위는 마음속 가장 깊숙한 곳에 처박아 둘 것이다. 타인에게 욕구를 제대로 표현하지도 못하고, 타인과 쉽게 유대감을 느낄 수도 없다.

어린 시절에 관심의 결핍을 느낀 사람들은 성인이 된 이후에도 계속해서 결핍감을 느끼고 자신이 무엇인가 부족하다고 생각한다. 쉽게 포기하고, 자주 자기가 쓸모없는 사람이라는 생각에 빠진다. 다른 사람들이 먼저 손을 내밀어도 쉽게 그 손을 잡지 못한다. 자신의 욕구를 알아차리는 것, 자기효능감, 스스로에 대한 존중을 바탕으로 한 행복과는 전혀 먼 삶이다.

아이들은 배고픔, 슬픔, 외로움, 무서움 등 자기 내면의 결핍감을 마음껏 표출할 수 있어야 한다. 그것을 표출했을 때 적절하게 반응해 주고 애정을 주는 부모나 양육자가 있어야 한다. 무언가를 원하고 갈망했을 때 그것이 받아들여진다는 느낌은 존재가 받아들여진다는 것과 동일하다. 존재가 승인되었을 때 아이들은 비로소 자신을 자각하고 이해하고 인정할 수 있다.

아이가 항상 예쁜 것은 분명 아니다. 존재를 승인한다는 것은 예뻐한다는 것과는 조금 다른 맥락이다. 신이 빚어서 우리에게 보낸 그대로의 아이를 인정하는 것이 존재를 승인하는 것이다. 실수를 허용하고, 자기주장을 허락하고, 진짜 자기 모습을 보이는 것에 두려움을 갖지 않게 하는 것이다.

그 밖에도 아이가 보이는 감정에 관심을 보이는 것, 아이와의 약속을 잊지 않는 것(시간이 지났으니 잊었을 거라는 건 부모의 가장 큰 오산이다. 아이들은 부모가 한 약속을 절대 잊지 않는다.), 아이가 낸 아이디어를 높게 평가하는 것, '하지 마.', '그런데' 등의 말로 아이의 무한한 능력을 제한하지 않는 것, '절대', '해야만 한다.' 등의 말로 아이가 당위적 삶에 갇히게 하지 않는 것, 다른 사람과 비교하지 않는 것, 아홉 개의 단점보다 한 개의 장점에 더 집중하는 것 등 부모의 사려 깊은 언행으로 아이가 자신을 더 사랑하게 만들 수 있다.

아이는 부모가 보이는 반응으로 자신을 인식한다. 이것을 '거울 반응'이라고 한다. 아이가 내 마음에 드는 행위를 했을 때, 좋은 성적을 받았을 때 등 특정 조건에서만 반응을 하게 되면 아이는 그 행위와 자신을 동일시한다. 좋은 결과를 가져왔을 때만 자신을 좋게 느끼는 것이다.

그러므로 아이의 행동 말고 아이의 존재만으로도 부모가 행복하다는 것을 자주 표현해 주는 것이 좋다. 두 팔 벌려 아이의 존재를 환영해 준다면 아이는 부모가 보여 준 그대로 자신을 대할 것이다. 어떠한 순간에도 자신을 잃지 않으며….

그럼에도 우리는 사랑한다

아이가 하루 빨리 컸으면 싶다가도 너무 빨리 크는 아이의 시간이 아쉽다. 하루 종일 엄마를 찾는 아이들이 귀찮다가도 아이들이 있어서 이만한 행복을 또 언제 느껴 볼까 싶기도 하다. 귀찮고 화가 나다가도 이런 엄마라서 또 미안해진다.

힘든 일이 닥쳐도 좀체 흔들리지 않던 사람들도 부모가 되면 이쪽 구석에서 저쪽 구석까지 온몸으로 흔들린다. 나 때문에 아이가 잘못될까 두렵고 때로는 내가 진짜 부모인가 의아해하면서…. 어떤 일이든 10년이면 전문가가 된다지만, 부모라는 위치는 아무리 시간이 지나도 낯설기 짝이 없다. 어르신들이 나이 많은 자녀를 향해 아기라고 하는 것도 여전히 부모를 막 시작한 것 같은 느낌 때문이지는 않을까?

그래서 오늘도 온갖 양육서와 자녀교육서를 보며 공부한다. 이 낯선 위치가, 낯선 일이 조금이나마 익숙해지지 않을까 하여…. 나만 힘든 건 아닐 거라는 위로를 받기 위해…. 조금이나마 좋은 영향을 아이에게 주고 싶어서…. 이미 그것만으로도 충분하지 않을까?

우리는 조금 더 느슨해질 필요가 있다. 세상이 만든 완벽한 엄마라는 틀에 갇힌 우리 자신을 꺼내어 나를 다독이고, 그 다독임의 힘으로 또 아이를 다독일 수 있도록….

이 책을 덮을 즈음 아이에게 다정한 엄마가 되리라, 아이가 잘 자랄 수 있도록 하리라 다짐했다가 5분도 채 지나지 않아 버럭 소리를 지를 수도 있다. 그것은 우리가 모자란 부모여서가 아니라 흔들리는 인간이기 때문에 그런 것이다.

아이를 키우는 내내 우리는 좌충우돌, 우왕좌왕할 것이다.

그럼에도 우리는 사랑한다.

모자란 우리 자신을, 또 아이를.